高等院校经济管理类系列教材

管理信息系统
(微课版)

U0368761

于秀艳　主　编

王　玮　孙爱香

刘婷婷　郝晓玲　副主编

清华大学出版社

北京

内 容 简 介

本书在系统介绍管理信息系统基本理论的基础上，对管理信息系统的数据库开发技术进行阐述，以结构化系统开发方法为例，介绍了管理信息系统的战略规划、系统分析、系统设计、系统实施、系统运行与维护，对 IT 价值实现过程进行阐述，并在资源观、能力观和系统观理论基础上，对核心 IT 能力的内涵、结构要素进行分析，构建核心 IT 能力评价指标，还介绍了当前流行的 IT 治理标准，目的是让读者更加深入理解管理信息系统开发与组织战略、组织业务的一致性，最大限度规避管理信息系统的应用风险，注重管理信息系统的投资价值，实现管理信息系统学习的最终目的。

本书可以作为应用型高等院校本科工程类、管理类和经济类专业的教材，也可以作为管理和工程技术人员学习信息管理系统知识的培训教材，还可供教师和各类应用人员学习参考。

图书在版编目(CIP)数据

管理信息系统：微课版/于秀艳主编. —北京：清华大学出版社，2022.8

高等院校经济管理类系列教材

ISBN 978-7-302-59570-0

Ⅰ. ①管…　Ⅱ. ①于…　Ⅲ. ①管理信息系统—高等学校—教材　Ⅳ. ① C931.6

中国版本图书馆 CIP 数据核字(2021)第 237379 号

责任编辑：孙晓红
封面设计：李　坤
责任校对：周剑云
责任印制：刘海龙

出版发行：清华大学出版社

网　　　址：http://www.tup.com.cn, http://www.wqbook.com
地　　　址：北京清华大学学研大厦 A 座　　　邮　　编：100084
社 总 机：010-83470000　　　邮　　购：010-62786544
投稿与读者服务：010-62776969, c-service@tup.tsinghua.edu.cn
质量反馈：010-62772015, zhiliang@tup.tsinghua.edu.cn
课件下载：http://www.tup.com.cn, 010-62791865

印 装 者：三河市铭诚印务有限公司
经　　销：全国新华书店
开　　本：185mm×260mm　　印　张：11.25　　字　数：273 千字
版　　次：2022 年 10 月第 1 版　　印　次：2022 年 10 月第 1 次印刷
定　　价：38.00 元

产品编号：066272-01

前　言

　　管理信息系统是高等院校经济管理类专业的专业基础课程之一。它是在管理科学、信息科学、系统科学、行为科学和计算机科学基础上形成的一门综合性课程，也是信息技术在管理领域的应用。

　　本书在内容编排、知识结构上服务管理科学与工程类本科专业，旨在使学生掌握管理信息系统的基本概念、管理信息系统和组织管理的关系、管理信息系统的数据组织与数据库技术、管理信息系统的开发方法与流程、管理信息系统的价值实现等相关内容，从而对管理信息系统有全面的认识。

　　本书内容共分为 12 章。第 1 章和第 2 章主要阐述管理信息系统的基本原理，介绍了信息，信息的特征，信息的生命周期，系统的内涵及其特征，信息系统的内涵与功能，信息系统的种类，管理信息系统的内涵与功能、结构，管理信息系统对组织管理及决策的支持；第 3 章主要阐述数据库的设计方法，介绍了数据处理与数据组织、数据库系统的构成与数据模型、数据库设计的流程和步骤，有利于读者从数据的视角了解管理信息系统的特性，深入体会数据共享和功能共享；第 4 章到第 8 章主要阐述管理信息系统战略规划的内涵与意义，管理信息系统的开发方法，各种开发方法的基本原理、特点；第 9 章到第 11 章阐述了 IT 价值实现过程，核心 IT 能力的内涵与特征、结构，系统介绍战略整合能力，业务整合能力，组织结构整合能力，系统整合能力，文化整合能力，并对核心 IT 能力评价指标进行说明；第 12 章阐述 IT 治理的内涵，区分了公司治理、IT 治理与 IT 管理，并对 IT 投资决策治理，信息化风险管理控制流程、IT 治理实施，COBIT 和 ITIL 标准进行介绍。

　　本书由于秀艳任主编，王玮、孙爱香、刘婷婷、郝晓玲任副主编。具体分工为：于秀艳编写第 1、9、10、11 章，王玮编写第 2、3 章，孙爱香编写第 4、5、8 章，刘婷婷编写第 6、7 章，郝晓玲编写第 12 章。本书编写过程中得到了 ITGov 中国 IT 治理研究中心孙强主任的帮助，研究生刘志浩同学对本书的文字进行了完善与润色，同时还参阅了大量资料，虽然在参考文献中进行了引用注明，但可能存在遗漏，在此对所有同人一并表示感谢。

　　由于编者水平有限，书中难免存在疏漏之处，敬请广大读者批评指正。

编　者

目　录

第1章 信息系统基础概念

1.1 信息化概述

1.1.1 信息化发展的时代背景

1. 经济全球化

20 世纪 50 年代出现的集装箱和 60—70 年代兴起的远洋运输，带动了产品全球销售的热潮，经济全球化开始萌芽和加速；90 年代，随着互联网和全球通信技术的发展，世界各国经济增长依赖进出口的比例不断增加，全球化趋势更加明显。据统计数据显示，《财富》500 强中多数美国公司的收入的 50% 来自海外销售，美国销售的玩具 80% 是在中国制造的。经济全球化是世界发展大势，是不可逆转的时代潮流。

全球经济一体化对我国来说，既是一种机遇，又是一种挑战。特别是随着"一带一路"倡议的推进，我国的对外贸易发展更加迅速。经济全球化为我国经济发展提供了有利的外部环境，同时也带来了许多挑战，但我们有充分的理由相信，在党中央的领导下，我国能把握经济全球化发展大势，抓住经济全球化发展机遇，消除或者降低全球化负面影响，推动我国经济又好又快地发展。

2. 竞争激烈化

经济全球化已经改变了企业的竞争环境。企业之间的竞争不再是稳定的和可预测的，竞争者也不再局限于本国企业，参与国际竞争是企业生存和发展的客观要求。相对来说，国际竞争更加激烈，企业面临着前所未有的竞争压力。

另外，不断涌现的新技术、新行业、新应用、新趋势，导致行业边界逐渐模糊，深度融合已成趋势，跨界竞争无时无刻不发生在我们身边。打败著名数码相机尼康的不是佳能、索尼，而是智能手机。康师傅和统一等方便面品牌销售量急剧下滑，是被饿了么、美团这些新兴的网络送餐平台影响的。微信的免费语音通话，让电信运营商遭遇强势挑战。经济全球化和不断创新的技术导致竞争白热化，如何在激烈竞争中摆脱困境直至脱颖而出是大多数企业亟待解决的问题。

3. 用户需求变化

随着时代的发展、我国居民生活水平的提高，人们的消费观念发生了显著变化，不再仅仅追求产品的基本功能和效用，而是对产品的规格、花色、品种呈现出多样化、个性化的要求。消费观念的变化倒逼厂商采取各种应变措施。例如，星巴克咖啡根据用户的需求，将咖啡豆按照风味分类,用户可以按照自己的口味挑选喜爱的咖啡。"活泼的风味"——口感较轻且活泼、香味诱人,并且能让人精神振奋;"浓郁的风味"——口感圆润、香味均衡、质地滑顺、醇度饱满;"粗犷的风格"——具有独特的香味,吸引力强。

用户也不再被动地接受规格化的产品,而是希望主动参与到产品的设计过程中,消费感觉和体验是现代用户特别看重的产品品质。很多企业也是据此打造个性化产品,例如迪士尼乐园的飞跃地平线项目排队设在室内,通过灯光效应把天花板营造成了星空,游客抬头就是满天的繁星,不时有流星划过,在不同的转角,还会有二维码,让大家根据天文知识抢答。迪士尼乐园给了游客独特的用户体验,这使得迪士尼乐园成为文化旅游产品中的佼佼者。可以说,谁能更好地满足用户的个性化需求,谁就能在激烈的竞争中占有一席之地。

4. 可持续发展

世界各国追求经济高速发展的同时,却忽略了生态平衡和环境保护问题,导致大自然受到了不可逆转的破坏,如臭氧层、热带雨林、全球变暖、酸雨、核废料、能源储备(原材料、技术工人、能源、淡水资源、资金及其他资源)及可耕地减少。保护生态环境就是保护生产力,改善生态环境就是发展生产力。目前,世界各国对于生态保护已经达成共识,相继制定出生态环境保护政策法规,以约束本国及外国企业的经营行为。

习近平总书记指出:"要以对人民群众、对子孙后代高度负责的态度和责任,真正下决心把环境污染治理好、把生态环境建设好,努力走向社会主义生态文明新时代。"党的十八大以来,我们党鲜明地提出了创新、协调、绿色、开放、共享的发展理念,实现了生态文明建设与经济建设、政治建设、文化建设、社会建设的高度融合。我国生态环境保护发生了转折性的变化,生态环境质量明显改善,走出了一条生态和经济协调发展、人与自然和谐共生的发展之路。但在社会经济发展过程中,以破坏生态环境为代价,取得经济发展成效的事例并不少见,生态环境保护依然任重道远。

1.1.2 各国信息化发展战略

20世纪60年代人类开始迈入信息化社会,信息成为比物质和能源更为重要的战略资源,以开发和利用信息资源为目的的信息经济活动成为国民经济活动的主要内容。特别是在经济全球化背景下,谁在信息化上占据制高点,谁就能掌握先机,赢得先机,赢得优势,赢得未来。信息化已经成为世界各国的战略重点和优先发展方向。

1. 美国信息化发展战略

美国信息化水平一直处于世界前列。1992年,IBM等13家信息企业的首脑提出建立信息高速公路。1993年2月,克林顿发表了《用技术为美国经济增长服务——加强经济实力的新指导方针》。2012年3月,奥巴马政府正式宣布了"大数据研究和发展倡议"。2013年5月,美国政府宣布了"大数据的研究和发展计划"。同年,美国信息技术与创新基金会又发布了《支持数据驱动型创新的技术与政策》报告。2014 年 10 月，波士顿等 32 个城市成立联盟，形成了推进宽带计划的新机制。2018 年 3 月，美国战略与国际研究中心发布了《美国机器智能国家战略》，分析了美国机器智能的发展现状，提出了教育、科研、技术、社会、公共安全、国际合作、数据风险等战略布局。2019 年 12 月，美国白宫行政管理和预算办公室(OMB)发布《联邦数据战略与 2020 年行动计划》，描述了美国联邦政府未来十年的数据愿景，并初步确定了各政府机构在 2020 年需要采取的关键行动。

2. 日本信息化发展战略

日本为快速形成先进的信息通信网络社会，2000 年颁布了 IT 基本法，提出了 e-Japan 战略，计划至 2005 年全日本建成 3000 万家庭宽带上网及 1000 万家庭超宽带上网环境，使日本在 5 年内成为世界上最先进的信息化国家。2003 年，日本提前完成 e-Japan 战略目标。2004 年 5 月，日本总务省又正式提出了以发展 ubiquitous 社会为目标的"u-Japan"构想，使所有的日本人，包括儿童和残疾人，可以在任何地点、任何时候连接网络环境，能积极地参与到社会活动中。2009 年 2 月， IT 战略本部推出了以 2015 年为截止期的中长期信息技术发展的 i-Japan 战略。该战略包括"三大核心领域(即电子政府和电子自治体、医疗保健、教育与人才)""激发产业与区域活力、培育新兴产业""完善数字基础设施建设"三个范畴。总体来说，日本连续三次推出国家信息化发展规划，从 e-Japan 到 u-Japan 再到 i-Japan，日本的信息化建设也成功实现了"三级跳"。

3. 德国信息化发展战略

20 世纪末，德国开始大力进行互联网基础设施建设，并取得了显著的成效。1999 年德国制定的《21 世纪信息社会的创新与工作机遇》行动纲领中，提出发展传输速度更高的互联网基础设施、实施"全民享有互联网"项目以及帮助平时接触不到网络的弱势群体也能够上网三个目标。德国 2009 年公布了"宽带战略"，力图通过提升宽带速度打造高速度、高普及、富有竞争力的网络环境。2010 年德国联邦经济和技术部出台《德国 ICT 战略：数字德国 2015》，提出扩大数字基础设施和网络以满足未来的需求。2014 年德国联邦政府出台《2014—2017 年数字议程》，决定于 2018 年前在全国普及高速宽带。2016 年 3 月，德国联邦经济和能源部发布《数字化战略 2025》，对十个数字化重点领域的目标进行了描述，并提出了相应的实施措施。

4. 中国信息化发展战略

我国党中央、国务院一直高度重视信息化工作。早在 1984 年，邓小平主席就提出"开发信息资源，服务四化建设"。党的十六大报告指出，坚持以信息化带动工业化，以工业化促进信息化，走出一条科技含量高、经济效益好、资源消耗低、环境污染少、人力资源优势得到充分发挥的新型工业化道路。2006 年，中共中央办公厅、国务院办公厅印发《2006—2020 年国家信息化发展战略》，提出信息化发展的战略重点。党的十七大报告提出大力推进信息化与工业化融合，促进工业由大变强，振兴装备制造业，淘汰落后生产能力，这不仅说明了今后一个历史时期我国信息化的战略重点之所在，而且也标志着我国的信息化推进开始向着信息化的核心领域进军。2016年国务院印发并实施的《"十三五"国家信息化规划》指出信息化发展的目标：到2020年，"数字中国"建设取得显著成效，信息化能力跻身国际前列，信息化全面支撑党和国家事业发展。党的十九大报告提出推动互联网、大数据、人工智能和实体经济深度融合，以及加快数字中国、网络强国和智慧社会的建设等任务要求。2019年政府工作报告和中央经济工作会议又分别提出要拓展"智能+"和大力发展数字经济。

纵观世界发展史，任何一个国家的工业化进程都与信息化紧密相关。信息化已经渗透到社会生活各个领域，不仅是当前经济社会发展的重要特征，更是重塑国家竞争力的有效路径。信息化也是我国践行新发展理念，实现高质量发展的必然选择。

1.2 数据、信息与知识

1.2.1 基本概念

1. 数据

数据是对事实、概念或指令的一种特殊表达形式，也是对客观事物记录下来的可以鉴别的物理符号。例如，可以用汉字和数字组成的物理符号"小王身高1.90米"来描述一个学生的身高；也可以用"Create database"表示创建数据库的指令；数据"企业本月销售A产品为100台，销售B产品为150件"也是对企业销售事实的一种描述。数据是一种特殊表达形式，是一种物理符号。数据没有任何意义。

数据包括数值数据、图形数据、声音数据、视觉数据和模糊数据等类型，见表1-1。

表1-1　数据类型与表现形式

数据类型	表现形式
数值数据	数字、字符和其他字符
图形数据	图形和图片
声音数据	声音、噪声、音频或者音调
视觉数据	动画或视频
模糊数据	高、低、胖、瘦等

2. 信息

关于信息的定义，有上百种之多。信息论创始人香农认为，信息是用以消除不确定性的东西，凡是在一种情况下能减少不确定性的任何事物都可称为信息。国际标准化组织(ISO)认为，信息是对人有用的、影响人们行为的数据，是具有一定含义的数据，是加工(处理)后对决策有价值的数据。

可以利用 ISO 的定义在数据基础上对信息进行解释。前已述及，数据没有任何意义，但数据经过解释就具有了内涵。例如，数据"小王身高 1.90 米"意味着小王身高不矮；沃尔玛超市从每天的销售产品数据中，可以发现"'啤酒'和'尿布'经常出现在同一个购物篮中"这条信息。数据中的内涵就是数据体现出来的信息，信息是消化了的数据。

从数据和信息的定义中可以看出：信息是更直接反映现实的概念，而数据则是信息的具体表现，信息不随它的物理载体而改变，数据则不然。例如，天气状况可以用雨的文字符号来表示，也可以用雨的图形符号来表示。雨的文字符号和图形符号是两个不同类型的数据可以表示相同的信息。

3. 知识

知识是对信息的进一步加工和应用，是对事物内在规律和原理的认识，是人们在改造世界的实践过程中所获得的认识和经验的总和。例如，沃尔玛从信息"'啤酒'和'尿布'经常出现在同一个购物篮中"中发现一条重要的规律(知识)："啤酒"和"尿布"存在关联关系。再如，正常小儿的基础体温是 36.9～37.5℃。一般当体温超过基础体温 1℃以上时，可认为发热。连续发热两个星期以上称为长期发热。一般口腔温度较基础体温低 0.3～0.5℃，腋下温度又较口腔温度低 0.3～0.5℃，这些都是从对病患的大量研究实践中获得的知识。

知识分为显性知识和隐性知识。显性知识是能够被人类以语言、数学公式、各类图表等符号形式加以完整表述的知识，可以通过口头传授、教科书、参考资料、期刊杂志、专利文献、视听媒体、软件和数据库等方式获取，通过语言、书籍、文字、数据库等编码方式传播，并且容易被人们学习。隐性知识是高度个人化的知识，包括个体的思维模式、信仰观点、心智模式、技巧、诀窍、洞察力、直觉等。隐性知识不能通过正规的形式进行传递，也不易被他人学习。

1.2.2 数据、信息与知识关系

数据、信息和知识都是对事实的描述，可以被统一到对事实认识的不同发展阶段。利用数据来记录事实的运行，这是认识事实的基础；借助人的思维或者信息技术对数据进行处理和消化，形成信息；在实践中，经过不断的处理和反复验证，事实的运行规律被正确揭示，形成知识。数据是信息的源泉，信息是知识的"基石"，信息是数据和知识的桥梁。从数据到信息再到知识，是一个数据不断变得有序、不断得到验证，并最终解释了事实之中所存在的固有逻辑规律的过程，是一个对事实由低级到高级的认识过程。

1.2.3 信息的特征

信息具有价值性、共享性、时效性、层次性、不完全性、转换性和相对性等特征。

1. 价值性

信息的价值性表现在信息可以影响使用者的思想和行为，为使用者的管理和决策服务。例如，朝鲜战争前，兰德公司向美国国防部推销一份秘密报告，其主题词只有 7 个字，但却要价 150 万美元。而美国国防部认为是敲诈，不予理睬。结果"在错误的时间，在错误的地点，与错误的敌人进行了一场错误的战争"。战争结束之后，国防部才想起那份报告，要来一看，追悔莫及。原来这份秘密报告上写着"中国将出兵朝鲜"。这个案例就体现了信息的价值性。

2. 共享性

与物质、能量等资源不同，信息在交换的过程中，信息的接受者接受信息，但信息的拥有者不会失去原有的信息。信息的价值只有经过共享才能得到充分体现。例如，工商部门的企业注册信息与地税部门的企业纳税信息共享，可以自动生成已注册但未办税务登记的企业名单，一些偷税漏税企业就无法遁形；社保局与省公安厅将个人参保信息和在逃人员信息进行共享，公安部门就可通过个人参保信息发现在逃逃犯。

3. 时效性

信息的时效性是指从信息源发送信息经过接收、加工、传递、利用的时间间隔及其效率。一般来说，时间间隔越短，使用信息越及时，时效性就越强，信息价值也就越高。因此，应该尽量缩短各个环节信息处理的时间间隔，特别是在竞争非常激烈的时候，面对转瞬即逝的市场信息，能够及时抓住信息，快速、正确地做出决策，并能够尽早付诸实施，就抓住了时机，否则稍一迟缓，采取的对策慢了一步，就可能贻误时机。

4. 层次性

管理是分等级的，处于不同级别的管理者有不同的职责，处理的决策类型不同，需要的信息也不同，因而信息也是分级的。根据管理的层级性，通常把信息分为战略级信息、战术级信息和作业级信息。

高层管理者不但要确保公司的财务绩效，而且要制定关于企业产品与服务的长期战略决策，因此战略级信息是高层管理者用来对组织目标以及为达到目标所需资源，资源获取、处理和使用的指导方针等进行决策的信息。例如，企业整体以及各个部门获利能力的详细情况、未来的资金需求等信息。战略级信息大部分来自外部，寿命较长、精度较低、加工方法不固定，保密要求也较高。

中层管理者执行高层管理者制定的项目和计划，因此战术级信息是管理控制信息，是中层管理人员能用来掌握资源利用情况，并指导其采取必要措施以便更有效地利用资源的信息。例如，计划完成比例、库存控制情况等信息。战术级信息一般来自所属部门，并跨越于各个部门之间。

基层管理负责监控和管理业务的日常活动，因此作业级信息是基层管理者用来维持日常经营活动、完成具体任务所需要的信息。例如，每天的产量、每天的产品质量情况等信息。作业级信息产生于部门内部，寿命较短、精度较高、加工方法较固定，保密要求相应也较低。

5. 不完全性

由于认识能力的限制，人们不可能知道所有的事情，即关于客观事实的信息不可能全部得到这是信息的不完全性。因此，要善于运用已有的知识，对客观事实进行分析和判断，做出正确决策。

6. 转换性

信息的转换性是指信息可以用不同的方法和不同的载体来呈现。此外，也指信息与物质、能量之间的转换。例如，利用信息选择合适的材料，为组织节约成本，这是信息转化为物质；电网的负荷分配、汽车运输的合理调度等，这是信息转换为能量。

7. 相对性

信息是数据的内涵，不同的主体对数据进行解读，就会形成不同的信息，这是信息的相对性。例如，美国有一家制鞋公司，正欲拓展国外市场，公司总裁派一名销售人员去非洲一个国家了解那里的市场。这名销售人员到达非洲后，发回这样一封电报："这里的人不穿鞋，根本就没有市场。"于是，公司又派出了第二名销售人员，他在那里待了一个星期后，也发回了一封电报："这里的人不穿鞋，所以市场巨大。"同一个事实，同一个数据，但是不同的人去解读，形成两个截然相反的信息，这就是信息的相对性。

1.2.4　信息的生命周期

信息的生命周期是指从信息的产生到最终被使用发挥其价值的过程，包括信息识别、获取、存储、使用、维护和失效退出等阶段。

1. 信息识别

信息识别就是从系统设定的目标出发确定信息的类型和结构，即需要什么样的信息满足需求。例如，想去北京旅游，需要确定具体有什么样的交通工具、每种交通工具的出发时间及具体费用等方面的信息。

2. 信息获取

信息获取包括信息的收集、传输和加工。

信息收集是指通过各种信息收集方法获取所需要的信息。信息收集工作的好坏，直接关系到整个信息管理工作的质量。信息收集方法主要包括调查法、观察法、实验方法、文献检索和网络信息收集等。

信息传输形式多种多样，如口头传输、电子邮件传输、电话与电报传输等。信息传输一般遵守申农模型，即信源发出的信息经过编码器变成信道容易传输的形式，在接收端经过译码器译码,信息接收者就可以识别信息。在信息传输过程中,由于技术噪声和语义噪声,可能造成信息的歪曲、错漏、阻塞等。

信息加工根据加工的深浅,可以分为预加工、业务处理和决策处理。预加工就是对数据进行校核、排序、合并、分类、压缩等处理,产生预信息或者统计信息;业务处理是对信息进行分析,概括总结出辅助决策的信息;决策处理是应用数学模型统计推断出决策信息。

3. 信息存储

信息存储是利用一定的存储方式将有价值的信息保存在一定的存储媒介上。

存储媒介分为纸质存储和电子存储两种。纸质存储信息的主要特点是:存量大、体积小、便宜、保存性好、不容易涂改,但传送信息慢,不方便检索。电子存储包括胶片、胶卷、计算机存储器等。胶片、胶卷存储密度大,查询容易,但阅读时必须通过接口设备,使用不方便,成本稍高;计算机存储器存取速度快,存储的数据量大。不同的信息可以存储在不同的介质上,相同的信息也可以同时存于不同的介质上。例如,凭证文件、人事方面的档案材料、设备或材料的库存账目等需要纸质存储,也需要电子存储,以便归档及联机检索和查询。实际使用过程中,要根据不同的应用环境,合理选择存储介质。

存储方式主要有集中式存储和分布式存储两种。集中式存储是将所有数据都存储在一个服务器或是若干个服务器上,物理介质集中放置,对网络带宽和机房要求比较高,需要有大的空间。分布式存储的物理介质是散落在各个角落,分布到不同的位置,数据就近上传,对网络带宽和机房没有太高的要求。

4. 信息使用

信息使用大体可分为提高效率、提升效益和寻找机会三个阶段。

(1) 提高效率主要是利用信息提高组织的管理效率、业务运行效率和员工工作效率等。

(2) 提升效益主要是利用信息优化组织运作方式、提升部门之间的协同、降低协调成本,信息转化为价值,实现组织效益的提高。

(3) 寻找机会主要是利用信息为组织提供机会,推动并支撑组织获得战略竞争优势,实现业绩水平提升。

5. 信息维护

信息维护是保证信息在仍具有价值时处于适合使用状态,主要目的是保证信息的安全性、准确性和一致性。

信息的安全性主要是指信息的完整性、可用性、保密性、可控性和不可否认性。信息的完整性是指网络信息在未授权的情况下不能被改变,即信息在存储或传输过程中保持不被偶然或者蓄意地删除、修改、伪造、乱序、重放、插入。信息的可用性是指授权主体在需要信息时能及时得到服务,即保证合法用户在需要时可以使用所需的信息。信息的保密性是指信息在产生、传输、处理和存储的各个环节不被泄露给非授权的个人和实体。信息的可控性是指信息时刻处于合法所有者或使用者的有效掌握与控制之下。信息的不可否认性是指保证信息行为人不能否认自己发送信息的行为和否认所发信息内容。

信息的准确性是指数据要在合理的误差范围内。要保证数据的正确性，一方面要严格操作规程，避免数据存放位置发生错误；另一方面，输入时，应采用检验技术，以保证输入数据的准确性。

信息的一致性是指在不同地点的同一个信息的内容在任何时候都是一致的。数据的单点输入或者数据的同步更新，可以有效地维护信息的一致性。

6. 失效退出

信息失效退出是指随着原有设定目标的变化或者环境、业务需求的变化，信息已经失去了其管理价值，从而终结生命，退出历史舞台。

1.3 系　　统

1.3.1 系统的内涵及分类

1. 系统的内涵

系统是内部互相依赖的各个组成要素，按照某种规则，为实现某一特定目标而联系在一起的合理的、有序的组合。例如，电力系统、供水系统、管理系统、消化系统、经济系统和教育系统。也可以简单地把系统看成是输入、处理、输出和反馈的过程，其概念模型如图 1-1 所示。

图 1-1　系统的概念模型

例如，生产系统的输入可以是原材料、半成品、在制品等资源，人或者机器对资源进行加工处理，输出产品，通过产品质量的检测反馈对资源或处理过程进行优化。

2. 系统的分类

系统按其组成可分为自然系统、人造系统和复合系统三大类。

自然系统是系统内的个体按自然法则存在或演变，产生或形成一种群体的自然现象与特征。例如，生态系统、天体系统、血液循环系统、神经运动系统等。

人造系统是系统内的个体根据人为的、预先编排好的规则或计划好的方向运作，以实现或完成系统内个体不能单独实现的功能、性能与结果，如计算机系统、运输系统。

复合系统是自然系统和人造系统的组合。大多数系统属于复合系统，如管理信息系统、交通管理系统等。

1.3.2 系统的特征

1. 整体性

系统是由若干要素组成的集合，这些要素可能是一些个体、元件和零件，也可能要素本身就是一个系统。每个要素都具有独立的功能，它们只有协调地统一在一起，才能发挥系统的整体功能。简单来讲，系统的整体性是指系统作为一个由诸多要素结合而成的有机整体存在并发挥作用，系统具有其组成要素在孤立状态下所没有的整体特性。

2. 关联性

系统的组成要素之间不是相互独立的，而是相互联系、相互制约的。要素之间相对稳定的联系方式、组织秩序及时空关系的内在表现形式，就是系统的关联性。例如，人体的运动系统需要神经系统的控制和调节，它也需要消化系统、呼吸系统、循环系统等系统的能量供应。如果其中某个系统失效，运动功能就会受到影响。

3. 目的性

系统的目的性是指系统具有人们所明确赋予的预期目标。例如，建设新零售生态系统的目的是建立一个全新的商业生态系统，客户关系管理系统的目的是吸引新客户、保留老客户等。系统的目的性是区别不同系统的主要标志，决定着系统各个要素的组成和结构，表现为系统所要实现的各项功能。

4. 层次性

系统的层次性是指系统各组成要素在系统结构中表现出的多层次状态的特征。例如，人事系统包括人事调配、师资培训、人才交流、编制、档案、劳动组织和工资等子系统，而工资子系统又包括工资变动、考勤、工资处理、丧葬、房贴和津贴等子系统。

5. 环境适用性

当环境发生变化时，系统的输入、处理或者输出都可能发生变化，即系统要作相应的调整以适应环境的变化。能够经常与环境保持最佳适应状态的系统，是理想的系统，反之，不适应环境的系统就会失去存在的价值。

1.4 信息系统

1.4.1 信息系统的概念

信息系统是能够对数据进行收集、存储、加工处理、检索和传输，并能提供有用信息的系统。简单地说，信息系统就是对输入数据进行加工处理产生信息的系统，可以简化为输入，处理和输出三个部分。输入是从组织内部或外部环境中获取和采集原始数据，处理是对数据进行一系列的加工形成有用信息，输出是将信息按照一定的方式传递给需要使用的人或者目的地。

信息系统包括信息处理系统和信息传输系统两个方面。信息处理系统对数据进行处理，使它获得新的结构与形态或者产生新的数据。信息传输系统不改变信息本身的内容，只是把信息从一处传到另一处。信息系统理论上和信息技术没有关系，但随着技术的进步，使得以计算机为基础的信息系统得到快速发展。

1.4.2 信息系统的组成要素

信息系统的组成要素包括人员、硬件、软件、数据和工作规程。人员包括最终用户和系统技术人员。最终用户包括不同层次的管理人员、业务人员、职能人员等内部用户，也可能包括供应商、零售商、批发商、政府客户等外部用户；系统技术人员包括规划、分析、设计以及运维人员等。硬件包括计算机主机、服务器、输入与输出设备、网络设备等。软件包括操作系统、软件包、用户界面、处理模块等。数据是信息系统的核心要素，计算机进行数据处理的过程中，如果输入的是"垃圾数据"，输出的也会是"垃圾数据"，所以首先要保证输入数据的正确性，其次数据的处理过程也要正确无误，才能保证输出的正确性。工作规程包括系统的使用规则、安全保证措施、人员权限和职责的规定等。这些要素相互匹配、相互影响构成一个有机的整体，实现信息系统的功能。

1.4.3 信息系统的功能

1. 数据的收集和输入

数据的收集和输入是将收集来的各种数据，按照一定的格式加以整理，录入并存储在一定的介质上，经过一定的校验后，即可输入系统进行处理。数据的收集和输入取决于系统所要达到的目的和信息环境的许可。

2. 数据传输

数据传输是把数据从一处传送到另一处，即数据在数据源和数据终端之间传送的过程。通信技术的进步极大地提升了数据传输的效率和准确性。但正如前面所述，数据传输过程中也存在着技术问题和语义问题。

3. 数据的存储与维护

数据存储是指系统通过计算机存储器对各种数据进行保存。计算机存储器分为内部存储器和外部存储器。内部存储器存储速度快，可实现随机存取；外部存储器的存取量大，但必须由存取外存的指令整批调入，才能被运算器使用。

数据维护是指维护数据内容的无错漏、无冗余、无有害，也包括数据内容的更新维护和一致性维护等。

4. 数据加工处理

数据加工处理是指对有关数据进行分析或加工处理。数据加工处理会应用许多数学及运筹学的工具，因此许多大型的系统不但有数据库，还有方法库和模型库。数据加工处理过程要求确定数据和报表的标准格式，以便建立集中统一的数据库。

5. 数据输出

信息系统的各种功能都是为了保证系统能够实现最佳的输出。数据输出往往涉及输出内容、输出设备与介质的确定，这主要由用户需求决定。

1.4.4　信息系统的分类

按照处理的对象，信息系统可分为作业信息系统、管理信息系统和决策支持系统。

1. 作业信息系统

作业信息系统的任务是处理组织的业务、控制生产过程和支持办公，并更新有关的数据库，通常由业务处理系统、过程控制系统、办公自动化系统三部分组成。

业务处理系统(transaction processing systems，TPS)是用于处理日常业务，代替人们烦琐、重复的劳动，提高处理效率和准确性的信息系统。TPS 具有数据处理和管理功能、信息检索功能、系统监控等功能。订单输入系统、旅馆预订系统、工资系统、人事系统等均属于业务处理系统。图 1-2 描述的是一个企业给员工支付薪酬的处理系统。当将员工姓名、社会保障号码和每周工作时间等数据输入系统中，它将更新系统中的员工信息主文件，再通过一定的加工处理过程，可以形成企业管理和政府部门所需要的各类报告以及给员工的薪水支票。

过程控制系统是指用计算机对生产过程的过程参量进行检测，并予以实时调整的信息系统。在产品生产过程中，正确使用过程控制系统可以增加产量、提高质量和减少能耗，在石油、化工、电力、冶金等部门有广泛的应用。

办公自动化(office automation，OA)系统是指以先进技术和自动化办公设备支持部分办公业务活动的信息系统，主要功能包括文字处理、数据处理、语音处理、图形图像处理、文件处理、工作日程管理等。OA 改善了办公手段和环境，使办公人员能够准确、高效、愉快地工作。

2. 管理信息系统

管理信息系统(management information system，MIS)是对一个组织的信息进行全面管理，以支持管理人员进行管理和决策的人机系统，具有数据管理和处理功能、预测功能、计划功能、决策功能、控制功能等。

MIS 与 TPS 处于不同的层次，TPS 是部门级系统，MIS 是企业级系统，MIS 根据 TPS

的数据汇总，生成关于企业基本运行情况的报告。图 1-3 显示了一个典型的 MIS 如何将来自库存、生产、会计等方面的事务数据转换为 MIS 文件，形成报告提交给管理人员的过程。表 1-2 显示了由 MIS 系统产生的样本报告。

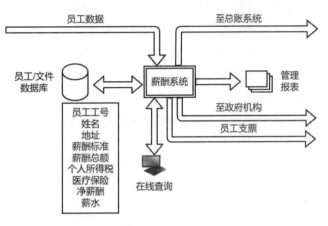

图 1-2　薪酬来务处理系统

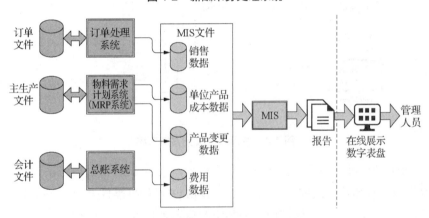

图 1-3　MIS 通过组织中的 TPS 获取数据

表 1-2　MIS 报告样本

产品编号	产品描述	销售地	实际销量	计划销量	实际：计划
4469	地毯清洁剂	东北	4 066 700	4 800 000	0.85
		南部	3 778 112	3 750 000	1.01
		中西部	4 867 001	4 600 000	1.06
		西部	4 003 440	4 400 000	0.91
	合计		16 715 253	17 550 000	0.95
5674	空气清新剂	东北	3 676 700	3 900 000	0.94
		南部	5 608 112	4 700 000	1.19
		中西部	4 711 001	4 200 000	1.12
		西部	4 563 440	4 900 000	0.93
	合计		18 559 253	17 700 000	1.05

3. 决策支持系统

决策支持系统(decision support systems,DSS)是指通过人-机对话,向决策者提供信息,协助决策者发现和分析问题,探索决策方案,评价、预测和选择方案的信息系统。DSS 常把数据库处理与经济管理数学模型的优化结合起来,利用模型进行互动式的模拟与分析,在人和计算机交互的过程中帮助决策者探索可能的方案,为管理者提供决策所需要的信息。DSS 具有灵活性、适应性及快速响应等特性,主要用来解决半结构化和非结构化决策问题。

图 1-4 是某公司开发的航运估算 DSS。给定一个运输计划和运费率,系统可以回答以下问题:选择什么船只和费率才能使利润最大化?最佳速度是多少?最佳装卸模型是什么?

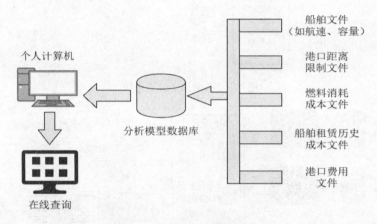

图 1-4 航运估算决策支持系统

DSS 在许多领域都有应用。例如,风险投资公司采用 DSS 策划投资决策、财务经理使用 DSS 做公司财务预算、政府安全部门使用 DSS 进行危机事件处理、公安部门用于设计警力配置和规划巡逻路线、环保部门用来制定污染治理规划、经济计划部门使用 DSS 进行经济政策规划等。

管理信息系统与 DSS 是有紧密联系的。管理信息系统通过收集与反馈信息,支持 DSS 执行结果的验证和分析。DSS 经过反复使用,逐步明确新的数据模式与问题模式,半结构化和非结构化决策问题将逐步变成结构化决策问题,并纳入管理信息系统的工作范围。DSS 是管理信息系统向纵深发展的一个阶段。

1.4.5 信息系统的发展

自第一台电子计算机问世以来,信息系统经历了由单机到网络、由低级到高级;由作业信息系统到管理信息系统,再到决策支持系统;由企业内部管理到外部拓展的过程。20世纪 90 年代以来,出现了经理信息系统、战略信息系统、企业资源计划、电子商务、电子政务等新型的信息系统。

1. 经理信息系统

经理信息系统(executive information systems，EIS)是用来支持高层决策者解决非结构化决策问题的系统。EIS 综合了来自企业外部的数据，同时也将来自企业内部的管理信息系统和 DSS 中的汇总信息，进行过滤、精炼、跟踪，将其中最重要的关键数据展示给高层决策者。高层决策者以此做出明确的决策方案。EIS 的特点是运用先进的图形和通信方式(视频和远程通信)建立集成计算环境，以高度交互为基础向高层决策者传递更多信息。非结构化决策没有标准的解答程序，因此 EIS 使用方式不固定，因使用者而异，维护成本较大。

2. 战略信息系统

战略信息系统(strategic information system，SIS)是把信息技术作为实现企业战略目标的竞争武器和主要手段的信息系统，往往是信息技术在某个行业中的创造性应用。SIS 往往具有以下特点。

(1) 能支持公司的经营战略。例如，20 世纪 80 年代，美国城市银行(City Bank)率先在纽约建立以自动提款机网络应用为代表的战略信息系统，为城市银行经营战略的实施提供了全新的解决方案，有力地促进了其战略目标的实现。

(2) 极大地改变了企业的管理和运作方式，对企业管理人员的工作方式与决策手段产生了深刻的变革，使企业的综合竞争实力显著增强，企业获得明显的竞争优势。

(3) 能给企业所在行业的产品、服务、行业结构带来实质性的影响。

3. 企业资源计划

企业资源计划(enterprise resource planning，ERP)由美国 Gartner Group 公司于 1990 年提出。ERP 是在制造资源计划(Manufacturing Resource Plan，MRP II)基础上发展起来的一类企业级全局信息系统，同时也代表着一种重要的企业管理思想，其基本理念是把企业的业务流程看作是一个紧密连接的供应链，并将企业内部和外部流程划分成几个相互协同作业的支持子系统，从而有效地进行管理。

ERP 跳出了传统企业边界，从供应链范围去优化企业的资源，是基于网络经济时代的新一代信息系统。ERP 除了具有 MRP II 已有的生产资源计划、制造、财务、销售、采购等功能外，还包括质量管理，实验室管理，业务流程管理，产品数据管理，存货、分销与运输管理，人力资源管理和定期报告系统。

4. 电子商务

电子商务(electronic commerce，EC)通常是指在全球各地广泛的商业贸易活动中，在开放的网络环境下，买卖双方不谋面地进行各种商贸活动，实现消费者的网上购物、商户之间的网上交易和在线电子支付以及各种商务活动、交易活动、金融活动和相关的综合服务活动的一种新型的商业运营模式。EC 打破了传统商务对市场的时空限制，使整个社会的商业体系结构、消费者的消费观念和行为发生了深刻的变化，作为一种全新的商业模式，给社会和企业的变革带来了深远的影响。EC 包括企业对企业(business to business，B2B)、企业对消费者(business to customer，B2C)、企业对政府(business to government，B2G)、消费者对消费者(customer to customer，C2C)四种类型。相应地，电子商务系统也分为 B2B 系统、B2C 系统、B2G 系统和 C2C 系统四种类型。

5. 电子政务

电子政务(electronic government，EG)是国家机关在政务活动中运用计算机、网络和通信等现代信息技术手段，超越时间、空间和部门分隔的限制，建成一个精简、高效、廉洁、公平的政府运作模式，以便全方位地向社会提供优质、规范、透明、符合国际水准的管理与服务。EG 包括政府间电子政务(government to government，G2G)、政府-商业机构间电子政务(government to business，G2B)、政府-公民间电子政务(government to citizen，G2C)和政府雇员间电子政务(government to employee，G2E)四种类型。相应地，电子政务系统也分为 G2G 系统、G2B 系统、G2C 系统和 G2E 系统。电子政务系统除了支持新型的政府服务模式外，还重构政府、企业、公民之间的关系，便于企业和公民更好地参政议政。

本 章 小 结

21 世纪经济发展面临的是经济全球化、竞争激烈化、用户需求个性化、可持续发展等环境，信息化已经成为世界各国战略重点和优先发展方向。

信息是对人有用的、影响人们行为的数据，是具有一定含义的数据，是加工(处理)后对决策有价值的数据，具有价值性、共享性、时效性、层次性、不完全性、转换性和相对性等特征。系统是内部互相依赖的各个部分，按照某种规则，为实现某一特定目标而联系在一起的合理的、有序的组合。信息系统是对输入的数据进行加工处理，输出信息的过程，具有信息处理和信息传输两个子系统。按照处理的对象，信息系统分为作业信息系统、管理信息系统和决策支持系统。信息系统是一个不断发展的概念，出现了诸如经理管理信息系统、战略信息系统、企业资源计划、电子商务、电子政务等新型的信息系统。

思 考 题

1. 请阐述数据、信息与知识的内涵与联系。
2. 信息的特性是什么？
3. 信息的生命周期是什么？
4. 信息系统如何分类？
5. 对新型的信息系统进行简单介绍。

微课资源

扫一扫：请扫描书后防盗码，获取权限。

信息整合

自测题自由练习

第 2 章　管理信息系统

2.1　管理信息系统的内涵与特征

2.1.1　管理信息系统的内涵

在管理信息系统(MIS)发展的不同阶段，学者对管理信息系统进行了如下界定。

瓦尔特·肯尼万(Walter T.Kennevan)认为管理信息系统就是以书面或口头的形式，在合适的时间向经理、职员等提供过去的、现在的、预测未来的有关企业内部及其环境的信息，以帮助他们进行决策。这个定义强调了信息对决策的支持，但没有提到计算机的应用。

高登·戴维斯(Gorden B. Davis)认为管理信息系统是一个利用计算机软硬件，分析、计划、控制和决策模型以及数据库信息，支持企业或组织的运行、管理和决策的人—机系统。这个定义说明了管理信息系统的目标、功能和组成。

我国学者薛华成用社会—技术系统的观点定义了管理信息系统。他认为管理信息系统是一个以人为主导，利用计算机硬件、软件、网络通信设备以及其他办公设备，进行信息的收集、传输、加工、储存、更新和维护，以获取企业战略竞争优势、提高效益和效率为目的，支持企业高层决策、中层控制、基层运作的集成化的人—机系统。

由此可见，人们对管理信息系统的认识是一个不断提高和完善的过程，随着企业信息化的深入，其概念也在不断拓展和深化。

实际上，管理信息系统是与管理信息有关的系统。管理信息作为信息的重要组成部分，是在企业生产经营过程中收集的信息，经过加工处理后，对企业管理和决策产生影响的各种数据的综合。为实现管理信息的价值，必须对其进行管理。因此，管理信息系统是进行管理信息的收集、传递、存储、加工、维护和使用的信息系统。

2.1.2　管理信息系统的特征

由定义可知，管理信息系统具有如下特征。

1. 面向管理决策

管理信息系统能够提供各级管理者所需要的信息，辅助支持他们的管理决策活动。具体来说，管理信息系统能提供企业关键指标、有关市场、行业、竞争者和客户等内外部信息，支持高层管理者制定战略决策；能提供预算控制、差异分析等信息，支持中层管理者进行管理控制；能提供有关业务执行情况、产品质量和员工工作表现等信息，支持基层管理者从事日常事务的指挥和监督活动。

2. 集成化

管理信息系统是一个对组织信息进行全面管理的综合系统，其集成性体现在许多方面。例如，系统内部的各种设备资源统一规划、协调一致，高效、低成本地完成各项信息处理；可以根据需求，先开发职能部门级的业务子系统，随着管理需求的深入，各个业务子系统无缝链接，形成企业级的管理信息系统，产生更高层次的管理信息，为管理决策服务；管理信息系统具有统一规划的数据库，实现数据的集中、统一管理。

3. 人—机系统

管理信息系统是为各层级管理者服务的系统。各层级管理者既是系统的使用者，又是系统的构成要素，对企业资源、资金流、物流进行管理和控制，因此，管理信息系统是以人为主导的信息系统。在管理信息系统应用中必须高度重视人的因素，正确界定人在系统中的地位和作用。此外，由于计算机拥有强大的信息获取、信息处理和存储能力，管理信息系统需要充分发挥人和计算机的长处，组成一个协调、高效的人—机系统，使系统整体性能达到最优。

4. 现代管理方法与手段相结合的系统

管理信息系统在组织中的应用，如果只是简单采用计算机代替业务处理，缺乏先进的管理方法和手段，那么管理信息系统的商业价值就会非常有限。正如 ERP 之所以能成为企业信息化的代表，就是因为其融入了供应链资源管理思想、准时制生产、精益生产、全面质量管理等现代化的管理思想和手段。可以说，现代化管理方法与手段是管理信息系统的核心精髓，也是管理信息系统实现商业价值的具体途径。

2.2 管理信息系统的结构

管理信息系统的结构主要有概念结构、层次结构、职能结构等。

2.2.1 概念结构

从总体概念看，管理信息系统可以分为信息源、信息处理器、信息宿和信息管理者四个组成部分，如图 2-1 所示。

其中，信息源是信息的来源地，信息可以来源于组织外部，也可以来源于组织内部；信息处理器完成信息的接收、传输、加工、存储、处理和输出等任务；信息宿是信息的接收者和使用者，是管理信息系统的目标用户；信息管理者负责信息的总体管理，是信息资源的协调者和分配者。最后，根据管理信息系统的目标用户的反馈，对信息源或信息处理器进行优化。

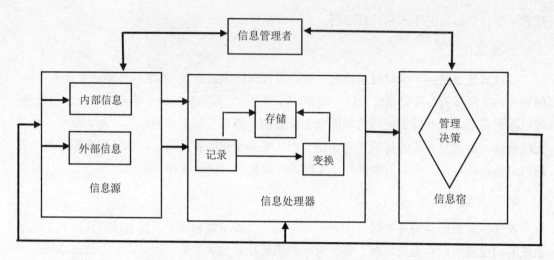

图 2-1　MIS 的概念结构

2.2.2　层次结构

管理任务具有层次结构，管理信息系统可以按照管理任务的层次进行分层，见表 2-1。

表 2-1　管理层次

层　次	内　容
战略管理	确定企业的目标、政策和方针，确定企业的组织层次，决定企业的任务
管理控制	资源的获得与组织、人员的招聘与训练、资金的监控等
基层管理	利用现有设备和资源，在预算限制内活动，处理每一项生产经营和管理活动

不同管理层次对信息的需求是不同的，不同层次的管理信息系统的信息特征也有所不同，见表 2-2。

表 2-2　不同层次的管理信息系统的信息特征

信息特性	基层管理	管理控制	战略管理
来源	系统内部	内部	外部
范围	确定	有一定确定性	很宽
概括性	详细	较概括	概括
时间性	历史	综合	未来
流通性	经常变化	定期变化	相对稳定
精确性	高	较高	低
使用频率	高	较高	低

不同层次的管理信息系统的信息处理量与管理层次一样，呈金字塔形，层次越高，信息处理量越小，即基层管理的信息处理量较大，战略管理所需要处理的信息量最小，而中层管理控制的信息处理量介于中间。

2.2.3 职能结构

组织内部的职能部门都有本部门的信息需求，需要专门设计相应的功能子系统，以支持其管理决策活动，同时各个职能部门之间存在着各种信息联系，各个功能子系统构成一个有机结合的系统。

在制造企业中，管理信息系统按照职能结构主要可以分为如下几个子系统，每个功能子系统完成本功能的基层管理、管理控制和战略管理三个层级的全部信息处理。

1. 销售与市场子系统

销售与市场子系统功能通常包括产品的销售、推销以及售后服务等。战略管理主要是根据人口、购买力和技术发展等因素，使用顾客分析、竞争者分析、顾客评价、收入预测、人口预测和技术预测等方法获取信息，对新市场的开拓和战略进行分析和研究；管理控制主要是根据顾客、竞争者、竞争产品和销售能力要求等信息，对总的销售成果、销售市场和竞争对手等方面的情况进行分析和评价，确保销售计划的完成；基层管理主要包括雇佣和训练销售人员、调度和安排日常销售和推销活动，还包括按区域、产品、顾客对销售数据情况进行定期分析。

2. 生产子系统

生产子系统的功能主要包括产品设计、工艺改进、生产计划安排、生产设备的调度和运行、生产人员的雇佣和培训以及质量控制和检查等。战略管理主要是选择制造方法及各种自动化方案；管理控制主要是对生产过程的总进度、单位成本、单位工时消耗以及各类物资的消耗情况进行分析比较；基层管理是把实际生产进度与计划相比较，及时发现生产的瓶颈环节，并予以解决。

3. 物资供应子系统

物资供应子系统功能包括采购、收货、库存控制、发货等。战略管理主要涉及制定采购战略、供应商政策以及自制与外购的比较分析等；管理控制主要是将库存、采购、供应等各种后勤工作的实际情况与计划进行比较；基层管理包括对采购订货、收货报告、各种出入库单据以及购货申请单等数据的分析。

4. 财会子系统

财会子系统功能包括托收管理、现金管理和资金筹措、绘制标准财务报表、制定预算及对成本数据进行分析等。战略管理主要包括制定财务保障的长远计划、资金筹措计划、减少税收影响的长期计划以及成本会计和预算系统的计划等；管理控制主要是对预算和成本数据的计划执行情况进行分析和比较，处理会计数据的成本和差错率等；基层管理主要是分类、汇总每天的单据，提出差错和异常情况的报告，以及延迟处理的报告和未处理业务的报告等。

5. 人力资源子系统

人力资源子系统的功能包括人员的雇佣、培训、考核记录、工资和解雇等。战略管理主要包括对招聘、工资、培训、福利以及各种决策方案的评价分析；管理控制包括对用工实际情况与计划进行比较，用以分析在岗工人的数量、招工费用、技术专长的构成等是否满足企业需要；基层管理主要涉及人员工资变化、聘用、培训等。

6. 信息处理子系统

信息处理子系统的功能是保证各个职能部门获得必要的信息资源和信息处理服务。战略管理主要是制定信息系统战略规划、确定硬件和软件的总体结构等；管理控制主要是对计划情况和实际情况进行比较，如对项目开发的计划与实施等情况的比较；基层管理主要包括日常任务的调度、软硬件情况的报告以及设计方面的建议等。

2.3　管理信息系统的功能

1. 数据处理功能

管理信息系统能够进行数据的收集、输入、传输、存储以及加工、维护等数据处理，方便使用者查询和使用，而且它还能够完成各种统计和综合处理工作，并能及时提供各种相关的信息。管理信息系统的数据处理要求尽可能及时全面地提供数据和信息。

2. 预测功能

预测是管理计划和决策工作的前提。管理信息系统能够运用现代数学方法、统计方法或者模拟方法，根据过去的数据对未来的发展趋势进行预测。

3. 计划控制功能

计划是指导各级管理层高效率工作的前提和依据。管理信息系统能对企业的资源使用做出计划，并对计划的执行情况进行监控，对差异情况进行分析，根据实际情况做出调整。

4. 决策优化功能

决策是管理活动的起点和中心环节。管理信息系统通过使用各种分析与决策模型以及存储在计算机中的大量数据信息来辅助各级管理人员对人、财、物等资源作出合理安排，优化资源配置，帮助用户获取最大收益。

2.4　管理信息系统的类型

管理信息系统服务的对象主要有国民经济、企业、事业、政府、某些特定领域，按照服务对象和应用领域，可以分为国民经济信息系统、企业管理信息系统、事务型管理信息系统、行政机关办公型理信息系统和专业型管理信息系统。

1. 国民经济信息系统

国民经济信息系统是一个包含各综合统计部门在内的国家级信息系统，纵向联系各个省市、地市、各县直至各重点企业的经济信息系统，横向联系外贸、能源和交通等各行各业的信息系统，形成一个纵横交错、覆盖全国的经济信息系统，其功能主要是收集、处理、存储和分析与国民经济有关的各类经济信息，为国家经济部门、各级决策部门及企业提供经济信息。

2. 企业管理信息系统

企业管理信息系统主要是进行管理信息的加工处理。随着企业信息化的发展，企业管理信息系统已经成为各类企业不可分割的一部分。企业复杂的管理活动给管理信息系统提供了典型的应用环境和广阔的应用舞台，因而大型企业的管理信息系统功能较多，对技术要求也很高，常常被作为典型的管理信息系统进行研究。

3. 事务型管理信息系统

事务型管理信息系统面向事业单位，主要进行日常事务的处理，如医院管理信息系统、学校管理信息系统等。由于不同应用单位处理的事务不同，管理信息系统的具体功能也各不相同，但基本处理对象都是事务信息，决策工作相对较少，因此要求系统具有很高的实时性和数据处理能力。

4. 行政机关办公型管理信息系统

行政机关办公型管理信息系统主要是实现办公管理自动化，对提高领导机关的办公质量和效率、改进服务水平具有重要意义，其特点是办公型自动化和无纸化，应用局域网、打印、传真等办公自动化技术，提高办公事务效率。行政机关办公型管理信息系统对下要与各个部门行政机关信息系统互联，对上要与行政首脑决策服务系统整合，为行政首脑提供决策支持。

5. 专业型管理信息系统

专业型管理信息系统是指特定行业或者领域的管理信息系统。这类信息系统专业性较强，规模较大，如人口管理信息系统、房地产管理信息系统。还有综合性很强的管理信息系统，如铁路运输管理信息系统、电力建设管理信息系统、民航信息系统、银行信息系统等。

2.5　管理信息系统与管理

任何组织要完成目标，都需要对人、财和物等资源进行管理，管理信息系统就是通过对这些资源的信息进行掌握和处理，从而辅助管理人员进行管理和决策。一个组织的管理职能主要包括计划、组织、领导和控制四大方面，管理信息系统对这些管理职能进行支持。

2.5.1 管理信息系统对计划职能的支持

计划职能为组织及其下属机构确定目标，拟定行动方案，使各项工作和活动都能围绕预定目标去进行，从而达到预期的效果。管理信息系统对计划职能的支持体现在管理的各个层次。例如，企业资源规划(ERP)在决策层、管理层和执行层上支持对企业经营规划、生产计划大纲、主生产计划和粗能力需求计划、物料需求计划和能力需求计划、采购作业计划和生产作业计划等的制订。根据计划的特性，MIS 对计划职能的支持主要表现在以下四个方面。

(1) 提升计划编制的效率和积极性。计划是对未来做出安排和部署。计划编制过程中，需要收集历史的和当前的数据，研究变化的趋势并预测未来。在这个过程中，涉及很多数据，其中每个数据的变动都可能引起其他许多相关数据的变动，计划工作量较大，如果没有管理信息系统的支持，会影响计划编制人员的效率和积极性。

(2) 支持对计划数据的快速、准确存取。为了实现计划职能，需要建立与计划有关的各种定额数据库、计划指标数据库等，并从相关数据库中提取数据。例如，企业资源规划(ERP)在制订物料需求计划时，需要从数据库中快速存取相关产品的库存信息。

(3) 支持预测。管理信息系统应用主观概率法、调查预测法、类推法、德尔菲法、因果关系分析法等，支持决策者作出正确的预测，以此制订可靠的计划。

(4) 支持计划的优化。编制计划时，经常会遇到有限资源的最佳分配问题。例如，在资源约束条件下，生产哪几种产品可以获得最大的利润？对于这样的问题，可拟定多种方案，在计算机上通过人机交互方式对方案进行求解，最后获得优化的方案。

2.5.2 管理信息系统对组织职能的支持

随着信息技术在企业中的应用，组织结构由机械式组织向有机式组织转变，二者对比见表 2-3。具体来说，组织结构向扁平化、虚拟化和敏捷化等方向发展。

表 2-3 机械式组织与有机式组织对比

机械式组织	有机式组织
严格层次关系	纵向和横向合作
固定职责	不断调整的职责
高度正规化	低度正规化
正式沟通渠道	非正式沟通渠道
集权决策	分权决策

(1) 扁平化。传统的组织结构采用"金字塔"式的、纵向的、多层次的集中管理，其

运作过程按照一种基本不变的标准模式进行。"金字塔"式的组织结构层级多，信息传递效率较慢，而且容易失真。管理信息系统的应用，一方面能够帮助企业扩大信息的传播范围，高层管理者可以管理和控制更大距离范围内的更多员工；另一方面能大大缩小决策层和执行层之间的距离，组织内部信息交流的成本降低，信息也不容易失真。因此，组织结构正在向扁平式结构的非集中管理转变。

(2) 虚拟化。全球网络的出现使企业组织结构的形式不再是一个以产权关系为基础，以资产为联系纽带，以权威为基本运作机制的企业实体，而是以面向全球化的管理信息系统为基础和支撑，以市场目标和关系契约为纽带，把人、资金、知识等要素联系在一起的联合体。企业也不是由各岗位和部门组成的实体，而是以实现共同目标联系在一起的虚拟企业，表现出更短暂和临时的特点，在完成一项指定的项目后就会解散，而其成员企业将继续加入其他的虚拟企业中去。

(3) 敏捷化。在快速变化且越来越难以预判的商业环境下，只有反应敏捷的企业才能驾驭新的浪潮。可以毫不夸张地说，在如今快速变化的市场环境中，一个企业的敏捷化程度直接决定着这个企业的存亡。信息技术可以降低企业内部的组织成本和交易成本、变革决策方法，同时抑制机会主义，促使伙伴企业间共享资产，缩短企业对环境的响应时间，使得企业可以随时根据环境的变化做出统一的、迅速的整体行动和应变策略。

2.5.3 管理信息系统对领导职能的支持

领导职能的作用在于指引、影响个人和组织按照计划去实现目标。领导者在人际关系方面的职责是领导、组织和协调，在决策方面的职责是对组织的战略、计划、预算和选拔人才等重大问题做出决定。信息系统可以作为信息汇合点和神经中枢，可以为领导者提供决策信息，便于部门之间，员工之间的信息沟通，减少由沟通不畅引起的冲突。管理信息系统也可以给员工提供更为弹性的工作方式，提高员工的满意度，提供更多的绩效考核方式以激励员工。

2.5.4 管理信息系统对控制职能的支持

控制职能就是把实际的执行结果和计划的阶段目标相比较，并及时纠偏，确保计划得以实现。在企业管理方面，最主要的控制大多数都由信息系统支持和辅助，其内容包括以下方面。

(1) 行为控制。为了真正调动人的积极性和创造性，不能简单用行政命令、强制手段来管理，还要借助于行为科学，通过收集、加工、传递、利用人的行为信息来对人的行为进行协调和控制。例如，远程签到、考勤打卡等。

(2) 人员素质控制，特别是关键岗位上人员素质的控制。

(3) 质量控制，特别是重要产品的关键工序的控制和成品的质量控制。

(4) 其他控制，包括库存控制、生产进度控制、成本控制、财务预算控制。例如，炼油厂和自动厂装配线可利用敏感元件收集数据，经过计算机处理后对生产过程加以控制。

2.6 决策支持系统与决策

决策是人们为达到一定目的而进行的有意识、有选择的活动。管理工作的成败，首先取决于决策的正确与否。

2.6.1 科学决策的发展方向

1. 用信息系统支持和辅助决策

20 世纪 80 年代初，计算机企业管理应用的重点逐渐由业务性处理转向企业管理和决策，国内外相继出现了多种功能的通用和专用决策支持系统，如交互式财务计划系统(interactive financial planning system，IFPS)。随着决策支持系统与人工智能、计算机网络相结合，出现了智能化决策支持系统(intelligent decision support system，IDSS)和群决策支持系统(GDSS)。当前，决策支持系统已经逐步被应用于大、中、小企业中的预算与分析、预测与计划、生产与销售、研究与开发等部门，也开始被用于军事决策、工程决策、区域规划等方面。

2. 定性决策向定性与定量相结合决策的方向发展

定性决策方法是决策者根据所掌握的信息通过对事物运动规律的分析，在把握事物内在本质联系基础上进行决策的方法，主要有头脑风暴法、特尔斐方法、淘汰法、环比法、归类法。定量决策方法是利用数学模型进行优选方案的决策方法。现代科学的系统工程学、仿真技术、计算机理论、预测学，特别是运筹学、布尔代数、模糊数学等，为决策的定量化奠定了基础。随着决策问题的复杂化，定性决策向定量与定性相结合决策的方向发展是当代决策活动发展的必然趋势。

3. 单目标决策向多目标综合决策发展

现代决策活动的目标不是单一的，它不仅包括以经济利益为核心的多个目标，还包括更广阔的社会和非经济领域的目标，决策的目标本身就构成一个难以确定的庞大系统。

2.6.2 决策问题的类型

1. 结构化决策问题

结构化决策问题相对比较简单、直接，其决策过程和决策方法有固定的规律可以遵循，能用明确的语言和模型加以描述，并可依据一定的通用模型和决策规则实现其决策过程的基本自动化。例如，饲料配方、生产计划、调度等。

2. 半结构化决策问题

半结构化决策问题介于结构化决策问题和非结构化决策问题之间，其决策过程和决策方法有一定规律可以遵循，但又不能完全确定，即有所了解但不全面，有所分析但不确切，有所估计但不确定。半结构化决策问题一般可适当建立模型，但无法确定最优方案。例如，开发市场、经费预算等。

半结构化决策问题的特性如下。

(1) 具有决策者期望达到的明确目标。

(2) 具有两个或两个以上可供决策者选择的可行方案。

(3) 不同可行方案在不同自然状态下的损益值可以计算。

(4) 存在着不以决策者意志为转移的两种或两种以上的自然状态，是不可控因素。

(5) 可能出现的概率可以主观判断或依据客观资料统计推算。

3. 非结构化决策问题

非结构化决策问题是指决策过程复杂，决策过程和决策方法没有固定的规律可以遵循，没有固定的决策规则和通用模型可依，决策者的主观行为(学识、经验、直觉、判断力、洞察力、个人偏好和决策风格等)对各阶段的决策效果有影响的决策问题。非结构化决策问题往往是决策者根据掌握的情况和数据临时做出决定。例如，市场体制的确定、聘用人员、为杂志选封面等。

结构化决策问题与非结构化决策问题是两个极端，大多数决策问题属于半结构化问题。三者之间的界限并不严格，随着人们对客观事物的认识不断提高，非结构化决策问题有可能转化为半结构化决策问题，半结构化决策问题也有可能向结构化决策问题转化。

一般来说，管理信息系统主要解决结构化的决策问题，而决策支持系统则以支持半结构化和非结构化决策问题为目的。

2.6.3 决策过程

决策过程就是在一定的资源条件制约下，为了实现特定目标，从多种可供选择的策略中做出决策，以求得最优或者较好效果的过程。

决策科学的先驱西蒙(H.A.Simon)教授指出，决策过程分为情报活动、设计方案、选择方案和实施方案四个阶段。

1. 情报活动阶段

情报活动阶段是指通过调查环境，定义要决策的事件和条件，获取决策所需要的信息的过程，具体包括确定决策目标和收集数据。确定决策目标就是对决策问题进行系统的分析，确定决策者想要达到的目的。收集数据是指对决策所需要的条件和环境进行了解的数据收集活动。例如，宏观经济决策要对国家的自然条件、资源、经济条件等有确切和详细的了解，掌握各种有关的统计数字和市场动态，及时掌握国内外经济、科学技术的现状及其发展趋势等。

2. 设计方案阶段

设计方案阶段是指发现、制定和分析各种可能的行动方案的过程。实现决策目标的方案可能有两个或者更多。为了探索可供选择的方案，需要研究影响决策目标实现的限制性因素。识别出这些因素，并把注意力放到如何克服这些限制性因素上去，就可能探索出更多的比较方案。

3. 选择方案阶段

选择方案阶段是指对可行方案进行评价与审核，最终选择一个特定方案的过程，通常包括方案论证和决策形成两个步骤。方案论证是对备选方案进行定量和定性的分析、比较和择优研究。决策形成是指决策者对经过论证的方案进行最后的抉择。决策者需要知道决策的整个程序和各种方法的可靠程度，需要具备良好的思维分析能力、敏锐的洞察力及判断和决断的素质。

4. 实施方案阶段

实施方案阶段是指根据选择的方案对决策进行实施的过程。在实施过程中还要收集有关实施情况的信息，以此进一步做出继续实施、停止实施或者修改后继续实施的决定。

2.6.4　决策支持系统对决策过程的支持

决策支持系统对决策的支持如图2-2所示。

1. 对情报活动阶段的支持

决策支持系统对情报活动阶段的支持包括存储有关社会的、经济的和法律的环境数据，有关市场、地区特征与行为的竞争数据，如政策法规、经济统计、市场行情、同行动态与科技进展等；存储企业内部的能力、资源、弱点及限制条件等的数据，如订单要求、库存状况、生产能力与财务报表等。决策支持系统能够按照决策者的要求，提供多样化的报告格式，如文本和图片等。

2. 对设计方案阶段的支持

决策支持系统对设计方案阶段的支持包括：辅助理解问题，即存储和提供与决策问题有关的各种模型，如定价模型、库存控制模型与生产调度模型等；存储和提供常用的数学方法及算法，辅助模型求解，如回归分析方法、线性规划、最短路径算法等，形成候选决策方案。决策支持系统具有方便的人机对话和图像输出功能，能观察决策变量对目标变量的影响，回答"如果……则……"之类的问题，也能对真实系统进行模拟，从中找出一定规律，给出解决问题的答案。

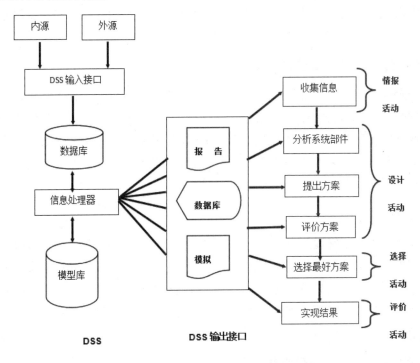

图 2-2　决策支持系统对决策过程的支持

3. 对选择方案阶段的支持

决策支持系统可以进行多方案、多目标、多准则下的方案比较和优化，并根据一定的准则来辅助决策。这些准则可以是经济法则，如回收率、回收期、最小成本、最小风险等。

4. 对实施方案阶段的支持

决策支持系统可以收集、管理并提供各项决策方案执行情况的反馈信息，如订单或合同执行进程、物料供应计划落实情况、生产计划完成情况等。除此之外，还可以提供良好的数据通信功能，以保证及时收集所需数据并将结果传送给用户。

2.7　管理信息系统成功应用的关键影响要素

管理信息系统的应用是一个高投入、高产出，也是高风险的系统工程，并不是每个企业计划开发管理信息系统，就可以立即动手的常态工作，而是需要对管理信息系统成功应用的关键影响要素进行深入思考。

1. 能够解决企业的生存和发展问题

管理信息系统的应用不是形象工程，而是要能解决企业的生存和发展问题，这是管理信息系统存在的根本目的。判断管理信息系统是否能够解决企业的生存和发展问题，需要对企业目前的生存和发展现状、竞争优势、行业发展趋势、客户的满意度、企业的瓶颈问题、企业未来一段时间的改革计划、管理信息系统的开发给企业带来的前景等这些问题进行深入思考。

2. 能够提升内部人员工作效率和满意度

员工是企业内部的"上帝",如果员工工作效率较低或者对工作不满意,企业的执行力就会受到影响,因此提升内部人员的工作效率和满意度是开发管理信息系统的内在动力。那么,企业开发管理信息系统对内部员工满意度的影响如何?是否能给他们带来更好的工作环境,提升其工作效率?这些问题的回答有助于判断管理信息系统是否能提升内部人员工作效率和满意度。

3. 企业管理规范化

企业规范化管理是管理信息系统开发的前提。管理信息系统支持企业战略的实现,具体可落实到支撑业务流程。如果企业业务流程不规范,不同的人、相同的岗位的做事程序和方法都不一样,管理信息系统应用就会失去基础。因此,企业开发管理信息系统时,必须梳理好业务流程,并对不合理流程进行优化。另外,也需要规范的制度管理,为管理信息系统应用提供环境的保障。

4. 领导重视,业务人员积极参与

管理信息系统的开发需要领导重视,是"一把手"工程。管理信息系统的建立与应用是一个技术性、政策性很强的系统工程,领导必须参与系统开发的全过程,诸如系统开发的目标、环境改造、管理体制改革、机构调整、设备配置、软硬件资源开发、人员培训、项目管理、服务支持等一系列问题都需要企业领导做出决策。业务有什么需求、管理信息系统应该开发哪些功能,需要业务人员的积极参与,否则开发出来的管理信息系统不能满足业务人员的要求,系统就会失去存在的价值。

5. 拥有一支专业的开发队伍

传统的管理信息系统由 IT 专业人员开发并直接控制,IT 专业人员具备所有管理信息系统设计和实施的技术知识;而现在的管理信息系统逐渐使用已有的软件包,软件开发、基础设施维护的外包代替内部开发。IT 人员角色发生转变,由"以开发为中心"的技术人员向"以业务为中心"的咨询和管理人员转变,这意味着 IT 人员由技术性人才向复合型人才转变,因此拥有专业的开发队伍成为管理信息系统成功的关键要素。

6. 具备一定的资源条件

资金、人员、设备都是管理信息系统开发的资源基础。但是随着云计算服务的出现,管理信息系统应用成本越来越小,企业信息化门槛也越来越低。

7. 必须有一套完整的系统建设方案和构想

管理信息系统如何支持组织战略、业务流程和组织结构如何变革、需要建立哪些系统、系统之间的关系如何、如何配置资源、如何实施等问题均需要提前规划和构想，即针对管理信息系统开发，必须有一套完整的系统建设方案和构想，否则管理信息系统成功的概率就会大大降低。

本 章 小 结

管理信息系统是进行管理信息收集、维护和使用的信息系统。组织结构在管理信息系统的影响下，呈现扁平化、虚拟化和敏捷化趋势。除此之外，管理信息系统对计划职能、领导职能和控制职能都有显著影响。现代化的决策呈现用信息系统支持和辅助决策、定性决策向定量与定性相结合决策的方向发展、单目标决策向多目标综合决策发展等趋势。决策支持系统对决策过程的情报活动阶段、设计方案阶段、选择方案阶段、实施方案阶段都起着相应的支持作用。管理信息系统成功应用的关键影响要素主要包括能够解决企业的生存和发展需要，提升内部人员工作效率和满意度，企业管理规范化，领导重视，业务人员积极参与，拥有一支专业的开发队伍，具备一定的资源条件和必须有一套完整的系统建设方案和构想。

思 考 题

1. 管理信息系统的内涵与特征是什么？
2. 管理信息系统的结构是什么？
3. 管理信息系统对企业具有什么样的影响？
4. 决策具有哪些过程？简述决策支持系统对决策过程的支持。
5. 为什么说管理信息系统是一个人机系统？

微课资源

扫一扫：请扫描书后防盗码，获取权限。

ERP 对计划的支持

自测题自由练习

第 3 章　数据库技术

3.1　数据处理

数据处理是指对数据(包括数值的和非数值的)进行分析和加工的过程。数据处理是管理活动的最基本内容,也是管理信息系统的基本功能,一般不涉及复杂的数学计算,其目的是从大量的、可能杂乱无章的、难以理解的数据中抽取并推导出对于某些使用者有价值、有意义的信息。主要包括以下九个方面。

(1) 数据采集:根据系统自身需求和用户需求采集所需的数据。

(2) 数据转换:把数据转换成机器能够处理的形式。

(3) 数据分组:对数据按照某种标准进行有效的分组。

(4) 数据组织:用某种方式安排或者存储数据,以便进行处理。

(5) 数据计算:进行各种算术和逻辑运算,以便得到进一步的信息。

(6) 数据存储:将原始数据或计算的结果保存起来,供以后使用。

(7) 数据检索:按用户的要求找出有用的信息。

(8) 数据排序:把数据按一定要求排序。

(9) 数据输出:对各类输入数据进行加工处理后,将结果以用户所要求的形式输出。

3.2　数据组织

数据组织是将具有某种逻辑关系的数据组织起来,按一定的存储方式配置在计算机的存储器中,使计算机处理时能够符合速度快、占有存储器的容量少、成本低等多方面的要求。

3.2.1　数据结构

数据结构是计算机存储、组织数据的方式,是指相互之间存在一种或者多种特定关系的数据元素的集合,包含逻辑关系、存储关系及操作三方面的内容。数据结构分为数据的逻辑结构和数据的物理结构,见表 3-1。

表 3-1　数据结构

逻辑结构	线性逻辑结构(表、栈、队列、串)
	非线性逻辑结构(树、图)

续表

物理结构	顺序存储结构
	链接存储结构
	索引存储结构
	散列存储结构

1. 逻辑结构

逻辑结构如图 3-1 所示。

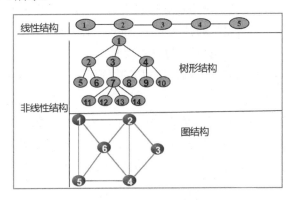

图 3-1　逻辑结构

(1) 线性逻辑结构。线性逻辑结构是 n 个数据元素的有序集合。集合中必定存在唯一的"第一个元素"和唯一的"第 n 个元素"；除第一个和最后一个元素外，任何一个元素都有唯一的直接前驱和直接后继。

常见的线性逻辑结构包括表、栈、队列和串。

① 表是零个或多个元素的有序队列，每个数据元素可由若干数据项组成。如果存在多个元素，则第一个元素没有前驱，最后一个元素没有后继，其他元素有且只有一个前驱和一个后继。

② 栈是一种运算受限的线性表，就是只允许在表尾进行插入或删除，也称为入栈和出栈。

③ 队列就是只允许在表尾进行插入或在表头删除元素，也称为入队和出队。

④ 串是由零个或多个字符组成的有限序列，串的数据对象约束为字符集。在线性表的基本操作中以"单个数据元素"为操作对象。在串中以"串的整体"作为操作对象。

(2) 非线性逻辑结构，包括树形结构和图结构。

① 树形结构又称层次结构，数据元素之间是一对多关系。树结构是由 $n(n \geq 1)$ 个有限节点组成一个具有层次关系的集合。没有父节点的节点称为根节点；每个节点有零个或多个子节点；每个非根节点有且只有一个父节点；除了根节点外，每个子节点可以分为多个不相交的子树。

② 图结构又称网络结构，数据元素之间是多对多关系。在这种结构中，任意两个元

素之间可能存在关系。即节点之间的关系可以是任意的, 图中任意元素之间都可能相关。图(graph)是由顶点的有穷非空集合和顶点之间边的集合组成。

2. 物理结构

同一逻辑结构采用不同的存储方式, 可得到不同的物理结构。物理结构主要有四种。

(1) 顺序存储结构。逻辑上相邻的数据元素的储位置也相邻(逻辑与物理统一), 要求内存中可用存储单元的地址必须是连续的, 并且存储空间需要预先分配。

顺序存储结构记录存放位置的计算: 如果开始节点的存放位置为 $LOC(k_1)$, 每个节点占用的空间大小为 L, 则第 i 个节点的存放位置为 $LOC(k_i)= LOC(k_1)+(i-1)*L$。

顺序存储结构中执行一次记录的插入/删除操作, 平均需要移动的记录个数为 $n/2$。当记录总数 n 较大时, 执行插入/删除操作的效率较低。

顺序存储结构是一种随机存取结构, 所以若数据元素的长度变化不大, 且其主要操作是查找, 则宜采用顺序存储结构。

(2) 链接存储结构。每个数据元素由节点(node)构成, 它包括数据域 Data 和指针域 Link, 相邻数据元素可随意存放, 存放位置可以是任意一组存储单元, 这些存储单元可以不连续, 并且链表的存储空间是动态分配的, 如图 3-2 所示。

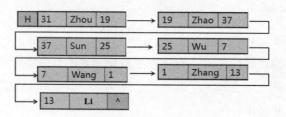

图 3-2　链接存储结构

对链接存储结构来说, 记录的插入和删除不必移动数据元素, 只要改变节点中的指针域即可, 效率非常高。因此, 若数据元素的长度变化较大, 且其主要操作是插入、删除, 则宜采用链接存储结构。

(3) 索引存储结构。索引存储结构分为数据记录区和索引区。数据记录区记录原始信息, 索引区记录关键字和存储地址, 如图 3-3 所示。

索引区		数据记录区		
关键字	存储地址	学号	姓名	成绩
870001	C	87005	张三	456
870002	B	87002	李四	645
870003	E	87001	王五	587
870004	D	87004	孙六	676
870005	A	87003	钱七	575

图 3-3　索引存储结构

索引存储结构的优点是检索速度快；缺点是增加了附加的索引区，会占用较多的存储空间。

(4) 散列存储结构。散列存储结构又称 Hash 存储，是一种力图在数据元素的存储位置与关键码之间建立对应关系的查找技术。查找时，只需要根据哈希(Hash)函数对给定关键字进行某种运算，就可以得到待查找数据元素的存储位置。散列存储结构的优点是查找、插入和删除数据比较容易，但是不支持排序，一般需要更多的空间，并且记录的关键字不能重复。

3.2.2　数据组织形式

管理信息系统中，数据组织采用文件组织和数据库组织两种方式。

(1) 文件组织方式中，数据是按照"数据项—记录—文件"方式进行组织。数据项描述个体的若干属性，记录是由某些相关数据项组成，文件是一组具有相同结构的记录。数据结构是面向某个应用程序的，数据共享性差、冗余度大、独立性小。文件是由文件系统进行管理，文件系统对文件存储器空间进行组织和分配，负责文件存储并对存入的文件进行保护和检索。

(2) 数据库组织方式中，数据也是按照"数据项—记录—文件"方式进行组织，但是数据结构是面向整个系统而不是面向某个应用，数据有较好的共享性，冗余度小，独立性大。数据库系统用数据库统一存储数据，由数据库管理系统统一管理和控制数据。

3.3　数据库系统的构成

数据库系统主要由计算机系统、数据库、数据库管理系统和有关人员组成。

1. 计算机系统

计算机系统是用于数据库管理的计算机硬件、软件及网络系统。计算机数据库系统需要大容量的主存以存放和运行操作系统、数据库管理系统、应用程序和系统缓冲区等。

2. 数据库

数据库是指存储在计算机内的有组织、可共享的数据集合，包括存放实际数据的物理数据库，也包括存放数据逻辑结构的描述数据库。

3. 数据库管理系统

数据库管理系统(data base management system，DBMS)是位于用户与操作系统之间的一层数据管理软件。数据库中的数据由 DBMS 统一管理和控制，用户对数据库进行的各种操作都是通过 DBMS 系统实现的。DBMS 具有数据定义功能、数据操纵功能、数据查询功能和数据控制功能。

数据库的共享是并发的共享，即多个用户可以同时存取数据库中的数据，甚至可以同时存取数据库中的同一个数据，为此DBMS还必须提供以下几方面的数据控制功能。

(1) 数据的安全性(security)保护。数据的安全性保护是指保护数据的安全性，以防止不合法的使用造成数据的泄密和破坏。每个用户只能按规定对某些数据以某些方式进行使用和处理。

(2) 数据的完整性(integrity)检查。数据的完整性检查是指检查数据的正确性、有效性、相容性。通过完整性检查可将数据控制在有效的范围内，或保证数据之间满足一定的关系。

(3) 并发(concurrency)控制。当多个用户的并发进程同时存取、修改数据库时，可能会发生相互干扰而得到错误的结果或使数据库的完整性遭到破坏，因此必须对多用户的并发操作加以控制和协调。

(4) 数据恢复(recovery)。计算机系统的硬件故障、软件故障、操作员的失误以及故意的破坏也会影响数据库中数据的正确性，甚至造成数据库中的部分或全部数据的丢失。DBMS具备将数据库从错误状态恢复到某一已知的正确状态的功能，即数据恢复功能。

4. 人员

人员包括系统分析员、数据库设计员、应用程序员、数据库管理员和最终用户。

系统分析员负责应用系统的需求分析和规范说明；数据库设计员负责数据库中数据的确定，以及数据库概念模式、外模式和内模式的设计；应用程序员负责编写使用数据库的应用程序；数据库管理员负责数据库的总体信息控制；最终用户利用系统的接口或者查询语言访问数据库。

3.4 数 据 模 型

计算机不能直接处理现实事物，人们只有将现实事物转成数据，计算机才能识别处理。数据模型就是对现实世界的模拟。

1. 数据模型的组成要素

数据模型的组成要素包括数据结构、数据操作和数据约束。

数据结构主要描述数据的类型、内容、性质和数据间的联系，是数据模型的基础。数据操作和数据约束都建立在数据结构上，不同的数据结构具有不同的数据操作和数据约束。数据操作是用于描述系统的动态特征，是对数据库中各种对象执行操作的集合，包括数据的修改、更新和删除等；数据约束主要描述数据结构内数据间的语法、联系及数据间的制约和依存关系，以及数据动态变化的规划，以保证数据的正确、有效和相容，包括唯一约束、主码约束、外码约束、检查约束和默认约束等。

2. 数据模型的种类

数据模型按不同的应用层次分成三种类型：概念数据模型、逻辑数据模型、物理数据模型。

(1) 概念数据模型。为了把现实世界中的具体事物抽象、组织为某一数据库管理系统支持的数据模型，首先把现实世界中的客观对象抽象为某一种信息结构，这种信息结构不是某一个数据库管理系统(DBMS)支持的数据模型，而是概念级的模型，称为概念模型。

(2) 逻辑数据模型。逻辑数据模型是直接面向数据库的逻辑结构，是用户通过数据库直接感知的数据模型，是计算机实际支持的数据模型，与具体的 DBMS 有关。逻辑数据模型主要有层次模型、网状模型和关系模型。

层次模型是用树形结构来表示各类实体以及实体间的联系，如行政机构、家族关系等。其特点是任何一个给定的记录值只有按其路径查看时，才能显出它的全部意义，没有一个子记录值能够脱离父记录值而独立存在。

网状模型是用网络结构来表示实体类型及实体间的联系。网状模型的数据结构允许一个以上的节点无双亲，还允许一个节点有多于一个的双亲。

关系模型是最常用的关系型数据模型，主流的关系数据库有 Oracle、SQL、Access、DB2、Sybase、SQL Server 等。关系模型用二维表的结构来表示实体及实体之间的联系，主要涉及的基本概念如下。

① 元组和属性。表中的一行即为一个元组，表中的一列即为一个属性，给每一个属性起一个名称即属性名。例如，学生表中的"学号""姓名""性别""班级"等都是属性名，它们描述了学生某些方面的属性。

② 主关键字/主码。主关键字/主码唯一地标识一条记录的属性或者属性集合。通过主码可以寻找和确定一条唯一的元组。例如，学生表中学生的学号是主码，每一个学号对应于一条唯一确定的学生元组。为区别主码和其他属性的区别，一般主码下面画一条横线或者用其他标记符号来表示。

③ 外码。如果关系 R 中的一个非主属性是另外一个关系 S 中的主码，则这个属性为 R 的外码。外码的值要么为空，要么为关系 S 中的一个值。

④ 文件。文件是相关记录的集合。例如，学生情况文件包括有关学生的记录。

⑤ 关系模式。关系模式是对关系的描述。用关系名(属性 1，属性 2，……，属性 n)。

⑥ 关系完整性约束。为保证关系中数据的有效性、相容性和正确性，关系模型必须满足的约束条件主要有实体完整性约束、参照完整性约束和域完整性约束。

(3) 物理数据模型。每一种逻辑数据模型在实现时都有其对应的物理数据模型。物理数据模型是在逻辑数据模型的基础上，综合考虑各种存储条件的限制，对存储结构和访问机制的深层描述，即描述数据是如何在计算机中存储的，如何表达记录结构、记录顺序和访问路径等信息。DBMS 为了保证其独立性与可移植性，大部分物理数据模型的实现工作由系统自动完成，而设计者只设计索引、聚集等特殊结构。

3.5 数据库的设计

3.5.1 数据库的设计步骤

数据库的设计分为以下六步。

(1) 需求分析,是准确地了解与分析用户需求的过程,包括用户的信息需求、性能要求和安全需求。

(2) 概念结构设计,对用户需求进行综合、归纳与抽象,形成一个独立于具体 DBMS 的概念模型。

(3) 逻辑结构设计,将概念结构转换为 DBMS 支持的数据模型,并利用规范化理论进行优化。

(4) 物理结构设计,将逻辑数据模型转换为计算机系统支持的数据库物理结构(存储结构、存取方法)。

(5) 数据库的实施,指输入数据,编制有关应用程序,进行联机调试并转入试运行。同时进行时间、空间等的性能分析,若不符合要求,则需调整物理结构,修改应用程序,直至能够高效、稳定、正确地运行该数据库系统为止。

(6) 数据库的运行和维护。在数据库系统运行过程中必须不断地对其进行评价、调整与修改,主要包括数据库的转储和恢复,数据库的安全性和完整性控制,数据库性能的监督、分析和改进,数据库的重组织和重构造。

下面主要对数据库的概念结构设计、逻辑结构设计进行阐述。

3.5.2 概念结构设计

1. 基本概念

概念结构设计常用的方法是实体—联系方法。实体—联系方法是用实体联系图 (entity-relation,E-R)来描述概念模型,其涉及的概念如下。

(1) 实体,指客观存在并可以相互区别的事物,可以是人、物或者抽象的概念,如学生、课程等实体。实体用矩形表示。

(2) 实体集(entity set),指具有相同性质的同类实体的集合,如学生实体集、课程实体集等。

(3) 实体型,具有相同属性的实体具有相同的特征和性质,用实体名及其属性来描述和刻画同类实体。

(4) 属性,是实体具有的某种特性。例如,学生实体可由学号、姓名、年龄、性别、系和班级来刻画,用椭圆形表示。

(5) 值域,是属性的取值范围。

(6) 联系。实体与实体之间的某种联系，用菱形表示，分为以下三类。

① 一对一联系(1:1)：如果对于 A 中的一个实体，B 中至多有一个实体与其发生联系，反之，B 中的每个实体至多对应 A 中的一个实体，则称 A 与 B 是一对一联系。

② 一对多联系(1:n)：如果对于 A 中的每个实体，B 中有一个以上实体与之发生联系，反之，B 中的每个实体至多只能对应于 A 中的一个实体，则称 A 与 B 是一对多联系。

③ 多对多联系(m:n)：如果 A 中至少有一个实体对应于 B 中的一个以上实体，反之，B 中也至少有一个实体对应于 A 中的一个以上实体，则称 A 与 B 为多对多联系。

在 E-R 图中，实体和对应的属性用无向边连接起来，联系和对应的实体也用无向边连接起来，并标明联系的类型。图 3-4 所示为一个 $m:n$ 的 E-R 联系图。

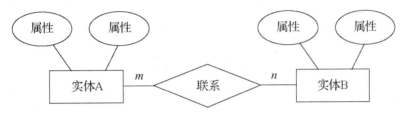

图 3-4　实体联系图(E-R)

2. 概念结构设计过程

概念结构设计分为两个阶段：抽象数据并设计局部 E-R 视图；对分 E-R 图进行合并、修改与重构，生成全局 E-R 图。

例如，某系统的现实运行规则如下：一个学生可选多门课程，一门课程可被多个学生选修。一个教师可讲授多门课程，一门课程可由多个教师讲授。一个单位可有多个教师，一个教师只能属于一个单位。用 E-R 图进行概念结构设计如下。

(1) 在上述四个实体中，选择学生、课程和单位三个实体，设计出学生选课的分 E-R 图，如图 3-5 所示；选择教师、课程和单位三个实体，设计出教师任课的分 E-R 图，如图 3-6 所示。

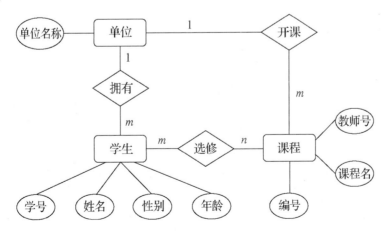

图 3-5　学生选课的局部 E-R 图

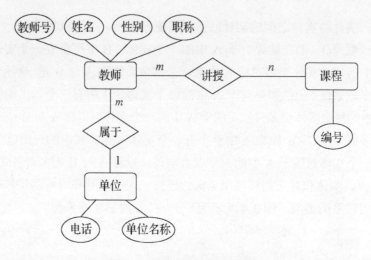

图 3-6　教师任课的局部 E-R 图

(2) 整合局部学生选课 E-R 图、教师 42 任课 E-R 图，得到单位、教师、学生和课程四个实体之间的全局 E-R 联系图，如图 3-7 所示。

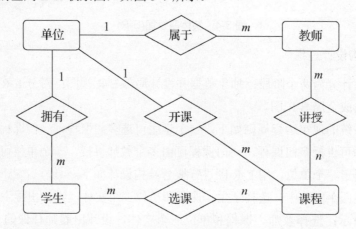

图 3-7　合并的全局 E-R 图

3.5.3　逻辑结构设计

逻辑结构设计就是将 E-R 图中的实体、实体的属性和实体之间的联系转化为某个 DBMS 支持的数据模型。以关系模型为例，逻辑结构设计一般遵循如下原则。

(1) 一个实体型转换为一个关系模式。实体的属性就是关系的属性，实体的主码就是关系的码。

(2) 一个 1 : 1 联系可以转换为一个独立的关系模式，也可以与任意一端对应的关系模式合并。如果转换为一个独立的关系模式，则与该联系相连的各实体的码以及联系本身的属性均转换为关系的属性，每个实体的码均是该关系的候选码。如果与某一端对应的关系模式合并，则需要在该关系模式的属性中加入另一个关系模式的码和联系本身的属性。例如，厂长—工厂概念结构如图 3-8 所示。

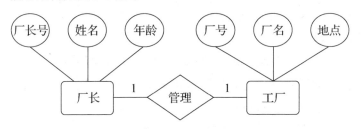

图 3-8　厂长—工厂 E-R 图

厂长和工厂之间是 1∶1 联系，根据逻辑结构设计原则，可以转化为如下两个关系模式。

厂长(厂长号，姓名，年龄，厂号)

工厂(厂号，厂名，地点)

厂长信息表中的属性"厂号"作为工厂信息表外码，把厂长信息表和工厂信息表联系起来，体现工厂和厂长间的一对一联系。

(3) 一个 1∶n 联系可以转换为一个独立的关系模式，也可以与 n 端对应的关系模式合并。如果转换为一个独立的关系模式，则与该联系相连的各实体的码以及联系本身的属性均转换为关系的属性，而关系的码为 n 端实体的码。如果与 n 端对应的关系模式合并，则需要在 n 方关系模式的属性中加入 1 方的主码和联系的属性。例如，仓库—产品概念结构如图 3-9 所示。

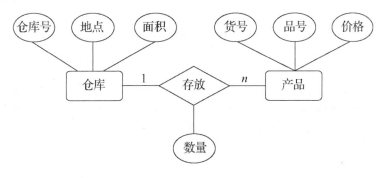

图 3-9　仓库—产品 E-R 图

仓库和产品之间是一对多的关系，根据逻辑结构设计原则，可以转化为如下关系模式。

仓库(仓库号，地点，面积)

产品(货号，品号，价格，仓库号，数量)

产品表中的属性"仓库号"作为仓库表的外码，把仓库表和产品表联系起来，体现仓库和产品间的一对多联系。

(4) 一个 $m∶n$ 联系转换为一个关系模式。与该联系相连的各实体的码以及联系本身的属性均转换为一个关系的属性，而关系的码为各实体码的组合。例如，学生—课程概念结构如图 3-10 所示。

学生和课程之间是多对多的联系，根据逻辑结构设计原则，转化为如下关系模式。

学生(学号，姓名，年龄)

课程(课程号，课程名，学时数)

学习(学生号，课程号，成绩)

学习表中的属性"学号"是学生表的外码，把学生表和学习表联系起来，体现学生表和学习表之间的多对多关系，"课程号"是课程表的外码，把课程表和学习表联系起来，体现课程表和学习表之间的多对关系。

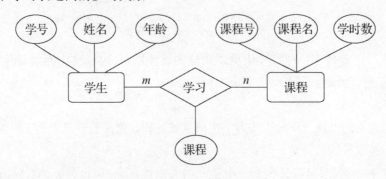

图 3-10　学生—课程 E-R 图

(5)　三个或三个以上实体间的一个多元联系转换为一个关系模式。与该多元联系相连的各实体的码以及联系本身的属性均转换为关系的属性，而关系的码为各实体码的组合。

(6)　具有相同码的关系模式可合并。

3.6　关系的规范化

数据库逻辑设计的结果不是唯一的。为了进一步提高数据库应用系统的性能，还应该适当地修改、调整数据模型的结构，数据模型的优化通常以规范化理论为指导。规范化理论认为关系必须是规范化的，应满足一定的约束条件，根据满足的约束条件来确定范式。

3.6.1　第一规范化形式

第一规范化形式(first normal form，1NF)是指关系中的每一个属性都是不可分的数据项，且不存在重复的元组、属性。表 3-2 所示的教师课题信息表就不符合 1NF。

表 3-2　教师课题信息表

教师代码	姓　名	职　称	系	研究课题	
				课题号	课题名
1101	王一丽	教授	管理系	500	管理信息
1102	刘　明	副教授	管理系	800	金融工程
1254	李爱军	讲师	投资系	630	电子商务

可以把分解后的数据项作为单独数据项，并入原表中，见表 3-3。

表 3-3　教师课题信息表(1NF)

教师代码	姓　名	职　称	系	研究课题号	研究课题名
1101	王一丽	教授	管理系	500	管理信息
1102	刘　明	副教授	管理系	800	金融工程
1254	李爱军	讲师	投资系	630	电子商务

也可以对教师课题信息表进行规范化处理。规范化处理的过程实际上是对关系进行分解的过程，也就是要将一个关系分解成若干个关系，如下所示。

教师信息表(教师代码，姓名，职称，系)

教师课题信息表(教师代码，课题号，课题名)

3.6.2　第二规范化形式

第二规范化形式(second normal form，2NF)是指在一个满足 1NF 的关系中，所有非主属性都完全依赖于主码，则该关系为满足第二规范化形式。

例如：学生课程表(学生学号，姓名，性别，出生年月，籍贯，政治面貌，课程名称，成绩)。属性之间的依赖关系如下。

学生学号→姓名

学生学号→性别

学生学号→出生年月

学生学号→籍贯

学生学号→政治面貌

学生学号+课程名称→成绩

根据以上的属性依赖关系，可以判断出"学生学号+课程名称"是主码，其他六项为非主属性。除了成绩全部依赖"学生学号+课程名称"，其他非主属性仅依赖于"学生学号"，所以该关系存在部分依赖关系，不符合 2NF。

不符合 2NF 的学生课程表存在如下问题。

(1) 插入异常：表的主码不能为空。当新生入学但没有进行选课时，有关学生记录就无法输入数据库中，这种现象称为插入异常。

(2) 删除异常：当新生已经选修了某门/些课程，管理人员也已将有关学生记录输入数据库中时，这个学生又决定将他选修的所有课程都取消，为此需要将该生的相关记录予以删除，在删除这些记录的同时有关这个学生的基本信息也将被删除。

(3) 存储异常：一般来说，一名学生要学习几十门课程，如果按这种组织形式，学生姓名、性别、出生年月、政治面貌、籍贯等信息将被重复存储，不仅带来大量的数据冗余，而且增加了处理的复杂程度，影响处理速度，产生了数据的不一致。

同样，采用分解的方法，消除部分依赖关系，分解后的关系如下所示。

学生信息表(学生学号，姓名，性别，出生年月，籍贯，政治面貌)

课程信息表(学生学号，课程名称，成绩)

此关系已经消除了关系中的部分依赖关系，满足 2NF。

3.6.3　第三规范化形式

第三规范化形式(third normal form，3NF)是指在一个满足 2NF 的关系中，任意一个非主属性都不传递依赖于任何主关键字，则称其为 3NF。

例如，学生信息表(学生学号，姓名，性别，出生年月，籍贯，政治面貌，学生所在系，系所在地点)

属性之间的依赖关系如下。

学生学号→姓名

学生学号→性别

学生学号→出生年月

学生学号→籍贯

学生学号→政治面貌

学生学号→学生所在系

学生学号→系所在地点

从以上的属性依赖关系，可以判断出学生学号是主码，其他属性为非主属性。但属性之间存在着以下依赖关系。

学生学号→学生所在系

学生所在系→系所在地点

具有传递依赖，所以这个关系不满足 3NF。

不符合 3NF 的学生信息表存在如下问题。

(1) 插入异常：当某校新建一个系，但还没有招生，则有关这个系的名称和系所在地点的信息就无法输入数据库。

(2) 删除异常：如果某个系招收了两届学生后，有若干年没有招生，随着这些学生毕业离校，学生记录被删除，则有关这个系的系名和系所在地点的信息也将被删除。

(3) 存储异常：一个系的在校学生有几百人，则关于这个系所在地点的信息要重复存储几百次，从而造成数据的冗余，并带来一系列问题。

同样，采用分解的方法，消除传递依赖关系，分解后的关系如下所示。

学生信息表(学生学号，姓名，性别，出生年月，籍贯，学生所在系)

学生所在系(学生所在系，系所在地点)

此关系已经消除了关系中的传递依赖关系，满足 3NF。

本 章 小 结

数据结构包括逻辑结构和物理结构，典型的逻辑结构有线性逻辑结构和非线性逻辑结构；物理结构有顺序存储结构、链接结构、索引存储结构、散列存储结构等。常用的数据组织方式有文件组织和数据库组织。数据库中的数据可以被多个用户、多个应用共享，大大减少了数据冗余，节约了存储空间。数据库设计分为需求分析、概念结构设计、逻辑结构设计、数据库的物理设计、数据库的实施、数据库的运行和维护六个步骤。概念结构设计常用的方法是实体联系图。逻辑结构设计就是要将概念结构转化为数据库管理系统支持的数据模型。数据库逻辑结构设计的结果不是唯一的。为了进一步提高数据库应用系统的性能，还应该适当地修改、调整数据模型的结构，数据模型的优化通常以规范化理论为指导。

思 考 题

1. 数据库的开发步骤及其各自内容是什么？
2. 数据库从概念结构到逻辑结构设计的转换原则是什么？
3. 不符合规范化范式的数据模型会存在什么问题？
4. 数据库数据组织方式的特性是什么？

 微课资源

扫一扫：请扫描书后防盗码，获取权限。

　　　新零售　　　　　　　自测题自由练习

第4章 管理信息系统开发概述

4.1 管理信息系统开发策略

管理信息系统的开发有"自上而下"开发策略、"自下而上"开发策略和综合开发策略三种。在实际的管理信息系统开发中，根据项目的业务量大小、系统的复杂程度和用户对系统的期望等因素，决定选择某种开发策略。另外，开发策略的选择往往也和开发人员的经验、水平和习惯有较大的关系。

1. "自上而下"开发策略

"自上而下"开发策略强调从企业整体上规划与协调，由全面到局部，由长远到近期，从探讨合理的信息流出发设计信息系统。首先，分析系统整体目标、环境、资源和约束条件，确定各项主要业务的处理功能和决策功能，从而得到各个子系统的分工、协调和接口。然后，对各子系统的功能模块和数据进行进一步分析与设计，根据需要和可能，确定优先开发的子系统及数据存储等。

"自上而下"开发策略的特点是系统的整体性与逻辑性较强，但开发工作量大，缺乏具体细节的考虑，实施难度和费用较大，实施周期长。开发大型的系统一般采用"自上而下"开发策略。

2. "自下而上"开发策略

"自下而上"开发策略强调从系统的业务处理功能逐步过渡到管理控制功能，也就是逐步对业务子系统逐层整合，直至满足更高层次的管理需求。"自下而上"开发策略实际上是模块组合的方法，根据资源情况逐步满足用户要求，边实施边见效。

"自下而上"开发策略的特点是可以避免大规模系统运行不协调的风险，但由于缺乏总体优化，可能导致功能及数据的矛盾、冗余，甚至重新规划。"自下而上"开发策略适用于小系统，对开发工作缺乏经验的情况。

3. 综合开发策略

"自上而下"的方法适宜于系统的总体规划，而"自下而上"的方法适宜于系统的实施。因此，对于大型系统的开发，最好的策略是将它们结合起来使用，以便发挥各自的优点。在总体规划阶段，应用"自上而下"策略确定新系统的目标和总体方案，在系统开发以后的各个阶段，在系统目标和总体方案的指导下，利用"自下而上"策略对各个业务子系统进行具体实施。这两种策略相结合，经过全面分析和调整，就能得到一个比较理想的新系统。

4.2 管理信息系统开发的方式

管理信息系统的开发方式主要有自行开发方式、委托开发方式、联合开发方式和购买软件包方式四种，见表 4-1。这四种开发方式各有其优点和不足，需要根据使用单位的技术力量、资金情况、外部环境等各种因素综合考虑和选择。

表 4-1 管理信息系统开发方式

	自行开发	委托开发	联合开发	购买软件包
分析和设计要求	非常需要	不太需要	逐渐培养	少量需要
编程力量的要求	非常需要	不需要	需要	少量需要
系统维护的难易	容易	困难	较容易	困难
开发费用	少	多	较少	较少
说明	开发时间长，可以培养自己的系统开发人员	省事，开发费用多。需要业务人员的密切配合	用户必须具有一定的人员参加	要有选择，有部分接口问题

自行开发方式是企业完全以自己的技术力量进行自主开发。因此开发费用较少，系统维护也较容易，此种开发方式可向专业开发人员或公司进行咨询或聘请他们作为开发顾问。

委托开发方式是企业作为委托方，将开发项目完全委托给一个或多个开发单位，系统开发完成后再交付企业或单位使用。此种开发方式需要使用单位的业务骨干参与系统开发的论证工作，开发单位和委托方要及时沟通与协调，委托方需要对开发过程进行检查。

联合开发方式是企业与外部开发单位进行合作，双方共同完成管理信息系统的开发任务。联合开发的主要问题是选择合适的开发伙伴，一般来说，可以通过招标的方式进行。

购买软件包是购买管理信息系统的成套软件或开发平台。软件的开发正在向专业化方向发展，为了避免重复劳动，提高系统开发的经济效益，企业直接购买软件包即可。此种开发方式需要有一定的技术力量在原有软件平台上进行二次开发以满足实际需要。

4.3 管理信息系统的开发方法

管理信息系统的开发方法多达七八十种，但较为流行的是结构化系统开发方法、原型化开发方法、面向对象方法、CASE 方法等。不同方法有各自不同的特点和适用范围，系统开发方法选择是否合适，直接影响到管理信息系统开发的成败。开发方法的选择取决于管理信息系统的规模、对系统需求的理解程度等多种因素。开发管理信息系统前，要充分做好前期论证工作，选择适当的开发方法。

4.3.1　结构化系统开发方法

结构化系统开发方法起源于20世纪70年代末期，是迄今为止应用最普遍、最成熟的一种信息系统开发方法。

1. 基本思想

结构化系统开发方法强调用系统工程的思想和工程化的方法，按照用户至上的原则，采用结构化、模块化、自顶向下的方法对系统进行分析与设计。具体来说，结构化系统开发方法就是将整个系统的开发过程划分成若干个相对独立的阶段，每个阶段进行若干个活动，每项活动应用一系列标准、规范、方法和技术，完成一个或多个任务，形成符合给定规范的产品。具体来说：

(1) "自顶而下"整体性的分析与设计和"自下而上"逐步实施相结合的系统开发过程。系统分析与设计时自顶向下地从整体、全局考虑，系统实现时，根据设计的要求先编制一个个具体的功能模块，然后自底向上逐步实现整个系统。

(2) 用户至上。管理信息系统是以人为主导的，用户需求是系统开发的出发点和归宿点，是开发信息系统的直接目的。用户至上是管理信息系统开发成功的前提条件，开发人员必须充分考虑用户的特点和使用习惯。

(3) 严格区分工作阶段，每个阶段规定明确的任务和成果，在实际开发过程中严格按照划分的工作阶段进行。

(4) 注重开发过程的工程化。工作成果要成文，文献资料的格式要规范化、标准化。

2. 系统开发阶段

结构化系统开发方法将系统开发分为系统规划、系统分析、系统设计、系统实施以及系统维护与评价五个阶段。

(1) 系统规划阶段。根据组织目标和发展战略，确定管理信息系统的发展战略，提出系统总体结构方案，并对方案可行性进行分析，将新系统建设方案及实施计划编写成系统规划报告。

(2) 系统分析阶段。对原系统详细调查，收集用户需求，确定新系统的逻辑模型。系统分析阶段的工作成果体现在系统分析说明书中。

(3) 系统设计阶段。根据系统分析说明书的要求，考虑实际条件，具体设计实现逻辑模型的技术方案，也就是设计系统的物理模型。该阶段的技术文档是系统设计说明书。

(4) 系统实施阶段。系统实施阶段的主要任务是设备的购置、安装和调试，程序设计，系统测试，人员培训，系统试运行等。系统实施阶段要编写程序设计说明书、系统测试报告、系统使用说明书等文件。

(5) 系统维护与评价阶段。系统在运行过程中，需要进行维护和修改。在系统运行和维护过程中要做好记录，编写系统维护说明书，对系统的工作质量和需要做出评价，并编写系统评价报告。系统评价报告是系统验收的依据。

3. 结构化系统开发方法的优缺点

结构化系统开发方法的优点是强调系统开发过程的整体性和全局性，强调在整体优化的前提下考虑具体系统的实施问题，适合于开发那些能够预先定义需求、结构化程度又比较高的大型事务型系统(TPS)和管理信息系统(MIS)。结构化系统开发方法的缺点是所使用的工具落后，导致系统开发时间过长，原来的需求可能发生变化，阶段回溯不可避免；使用过程化语言，可修改性和可重用性都比较差，系统的维护性不高；文档资料往往缺乏使用价值，项目的参与者之间往往存在通信鸿沟，致使用户的需求不能被充分地理解和挖掘。

4.3.2 原型法

20世纪80年代，随着计算机软件技术的发展，数据库技术日趋成熟，第四代程序语言4GL产生，出现了各种系统开发生成环境。在此基础上，原型法(prototyping approach)作为一种新的系统开发方法，以全新的设计思想、工具、手段而出现。

1. 基本思想

原型法是根据用户提出的需求，由用户与开发者共同确定系统的基本要求和主要功能，在较短时间内建立一个实验性的、简单的信息系统原型。在用户使用原型的过程中，不断地依据用户提出的评价意见对简易原型进行修改、补充和完善，使信息系统原型越来越能够满足用户的要求，直至用户和开发者都比较满意为止，这就形成了一个相对稳定、较为理想的管理信息系统。其开发过程如图4-1所示。

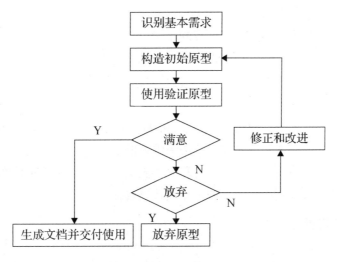

图 4-1 原型法的基本原理

与结构化方法相比，原型法是面向目标的，它摒弃了那种严格按阶段划分的工程化开发思想，一开始就凭借系统开发人员对用户要求的理解，在强有力的软件环境支持下，迅速提交一个实实在在的系统原型,向用户展示未来系统的全部或部分功能,然后与用户反复交换意见,协商修改,确认系统并达成一致的理解。

2. 原型法的优缺点

原型法的优点是由于采用了"自下而上"的开发策略,系统适用性强,因此更容易为用户所接受;原型法有利于开发人员和用户循序渐进地认识和理解系统的准确需求,能有效地提高最终系统的质量;原型法充分利用先进的软件开发工具,摆脱了老一套的工作方法,缩短了软件开发的周期,降低了开发费用,系统可维护性、可扩充性好。原型法的缺点是缺乏对整个系统的全面认识,系统分析比较粗略,不易在复杂的大型管理信息系统中全面应用;对于大量运算的、逻辑性较强的程序模块,原型法很难构造出模型;如果原系统管理不善、信息处理过程混乱,将会对系统使用造成一定的困难。

4.3.3 面向对象法

面向对象法(object-oriented method,OOM)是 20 世纪 80 年代随着面向对象的程序设计语言的日益成熟逐步发展起来的系统开发方法,以其直观、方便的优点获得广泛应用。

1. 基本思想

OOM 认为,客观世界是由各种各样的对象组成的,每种对象都有各自的内部状态和运动规律,不同对象之间的相互作用和联系构成了各种不同的系统。

以对象为主体的 OOM 可以简单解释如下。

(1) 客观事物都是由对象组成的,对象是在原事物基础上抽象的结果。任何复杂的事物都可以由对象的某种组合构成。

(2) 对象由属性和方法组成。属性反映了对象的信息特征,如特点、值、状态等;方法则用来定义改变属性状态的各种操作。

(3) 对象之间的联系主要通过传递信息来实现。传递的方法是通过消息模式和方法所定义的操作过程来完成的。

(4) 对象可按其属性进行归类。类有一定的结构,类上可以有超类,类下可以有子类。这种对象或者类之间的层次结构是靠继承关系维系的。

(5) 对象是一个严格模块化的实体,称之为封装。这种封装了的对象满足软件工程的一切要求,而且可以直接被面向对象的程序设计语言接受。

2. OOM 的开发过程

OOM 的开发过程如下所述。

(1) 系统调查和需求分析:对系统将要面临的具体管理问题以及用户对系统开发的需求进行调查研究,即先弄清"要干什么"的问题。

(2) 面向对象分析(object-oriented analysis,OOA):按照面向对象的思想分析问题的性质，从问题中抽象地识别出对象以及行为、结构、属性、方法等。

(3) 面向对象设计(object-oriented design，OOD)：即对分析的结果作进一步的抽象、归类、整理，并最终以范式的形式将它们确定下来。

(4) 面向对象实施(object-oriented programming，OOP)：用面向对象的程序设计语言将上一步整理的范式直接映射为应用程序软件。

3. OOM 的优缺点

结构化方法是面向过程的，系统的功能在系统内外环境急剧变化时很不稳定。而现实世界中的实体是稳定的，因此以对象为中心构造的软件是比较稳定的，功能需求变化时，不会引起软件结构的整体变化，仅需做一些局部修改，应用软件可重用性好。OOM 分析与设计是反复的，强调分析阶段和设计阶段的合并，体现了原型开发的思想，系统的维护和开发相对简单。但是 OOM 也会造成系统结构不合理、各部分关系失调等问题，所以 OOM 和结构化方法可以相互依存、相互补充。

4.3.4　计算机辅助系统开发方法

计算机辅助系统开发方法也称为计算机辅助软件工程(computer aided software engineering，CASE)法。它是 20 世纪 80 年代末从计算机辅助编程工作、第四代语言及绘图工具发展而来的。严格来说，CASE 只是一种开发环境，并不是真正独立意义上的方法，必须与其他开发方法结合使用。

1. 基本思想

CASE 方法认为，在前面介绍的任何一种系统开发方法中，如果自系统调查后，系统开发过程中的每一步都可以在一定程度上形成对应关系。例如，结构化方法中的业务流程分析到数据流程分析、数据流程分析到功能模块设计、功能模块设计到程序实现，那么就可以借助于专门研制的软件工具来实现上述一个个的系统开发过程。因此，CASE 方法实际是把原先由手工完成的系统开发过程转变为自动化工具和环境支撑的自动化开发过程，以此提高系统开发的标准化程度和开发效率。实际开发过程中的过程很可能只是在一定程度上对应，对于不完全一致的地方由系统开发人员再作具体修改。典型的 CASE 工具有绘图 Visio、代码浏览工具、配置管理工具、数据库建模工具等。

2. CASE 集成环境

零散的工具难以有效组合以支持软件开发的全过程。因此，CASE 方法提供了集成化的开发环境，将软件开发各阶段所需要的工具、信息按照统一的标准和一定的结构进行组合、封装，使得工具、人员及生命周期的各阶段之间均能方便、顺畅地衔接。CASE 集成环境包括软件平台与硬件平台两部分。

CASE 的软件平台是一组范围广泛的集成化软件工具，开发人员可以根据软件项目管理的需要对其进行任意的增减。一个完整的 CASE 软件平台应具备图形功能、自动查错功能、中心信息库、对软件生命周期的全面覆盖、支持建立系统的原型、代码的自动生成和支持结构化的方法论。

CASE 硬件平台为软件开发提供支撑环境。CASE 的硬件平台一般采用包括一台中央主机、中型的部门级或项目级的主机和若干工作站的三层平台。

3. CASE 的特点

CASE 是系统开发工具与开发方法的结合，强调解决系统开发过程中的效率问题。由于跨越了系统生命周期的各个阶段，因此，CASE 的目标是提供一组集成的系统开发工具，实现分析、设计、编程、维护各个环节的自动化或者半自动化，并使之成为一个整体。CASE 具有以下特点。

(1) 解决客观世界中的对象到软件系统的映射问题，有力地支持信息系统开发的全过程。

(2) 使结构化方法更加实用，便于原型法和面向对象方法实施。

(3) 自动检测的方法大大提高了软件的质量。

(4) 加速了系统的开发过程，简化了软件的管理与维护。

(5) 使开发者从复杂的分析设计图表和程序编写工作中解放出来。

(6) 使软件的各部分能重复使用。

(7) 产生统一的标准化的系统文档。

(8) CASE 方法的缺点是格式不统一，不适合编写复杂的调试步骤。

本 章 小 结

管理信息系统的开发有三种策略："自上而下"开发策略、"自下而上"开发策略和综合开发策略。在实际的管理信息系统开发中，根据项目的业务量大小、系统的复杂程度和用户对系统的期望值高低等因素，选择某种开发策略。管理信息系统开发方法有结构化系统开发方法、原型法、面向对象方法、CASE 方法等。不同方法有各自不同的特点和适用范围，开发方法的选择取决于信息系统的规模、对系统需求的理解程度等多种因素。开发一个信息系统前，要充分做好前期论证工作，选择适当的开发方法。

思 考 题

1. 管理信息系统开发策略有哪些？

2. 管理信息系统有哪些开发方式？

3. 什么叫结构化系统开发方法？其特点有哪些？

4. 什么叫原型法？其特点有哪些？

微课资源

扫一扫：请扫描书后防盗码，获取权限。

软件选型

自测题自由练习

第5章 管理信息系统的战略规划

5.1 管理信息系统战略规划的内涵与意义

5.1.1 管理信息系统战略规划的内涵

管理信息系统战略规划是关于管理信息系统(management information system，MIS)长远发展的规划，是一个组织战略规划的重要组成部分。具体来说，管理信息系统的战略规划包括信息系统战略规划和信息技术战略规划。

信息系统战略规划(information system strategic planning，ISSP)是在充分、深入研究组织的发展远景、业务策略和管理的基础上，形成信息系统的远景、信息系统的组成架构、信息系统各个部分的逻辑关系，以支撑组织战略规划(business strategic planning，BSP)的实现。ISSP 主要是规划出 MIS 的战略目标、约束条件及总体结构。其中，MIS 的战略目标确定了其应该实现的功能；MIS 的约束条件包括 MIS 实现的环境、条件；MIS 的总体结构指明了信息系统及其之间的关系。

信息技术战略规划(information technology strategic planning，ITSP)是在承接管理信息系统战略规划后，对信息系统各个部分的支撑硬件、支撑软件、支撑技术等进行计划与安排，是围绕"T"来展开的。ITSP 对计算机硬件技术、网络技术及数据库处理技术等做出物理配置方案。

组织战略规划、信息系统战略规划、信息技术战略规划的关系如图 5-1 所示。

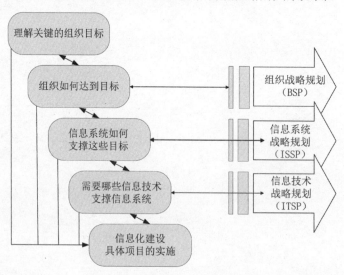

图 5-1 BSP、ISSP 和 ITSP 的关系

5.1.2 管理信息系统战略规划的意义

管理信息系统战略规划的意义主要有以下四项。

(1) 建立的目标系统具有科学性、经济性、先进性和适用性。

(2) 合理规划信息资源配置，使信息得到充分的利用，促进信息系统应用的深化。

(3) 管理信息系统战略规划是管理信息系统开发的前提条件、纲领。

(4) 管理信息系统战略规划是管理信息系统开发成功的保证和标准。

5.2 管理信息系统战略规划的流程

管理信息系统战略规划一般包含三年或者更长期的计划，同时还包含一年的短期计划。管理信息系统战略规划流程如下。

(1) 确定规划的性质。明确信息系统规划的期限和具体的规划方法。

(2) 收集相关信息。收集来自组织内部和外部环境中的与组织战略规划有关的信息。

(3) 战略规划分析。对信息系统的战略目标、功能结构、开发方法、计划活动、信息部门的情况、财务情况、所承担的风险度和政策等多方面进行分析。

(4) 定义约束条件。根据组织的财务资源、人力资源及信息设备等资源方面的限制，定义信息系统开发的约束条件和政策。

(5) 明确战略目标。根据分析结果和约束条件，确定信息系统的开发目标，确定系统在服务、质量、功能等。

(6) 提出未来的战略。勾画出信息系统未来的框架，进行初步的子系统划分。

(7) 确定实施进度。确定每个子系统的项目优先权后，估计项目成本和人员要求等，列出开发进度表。

(8) 评估信息系统规划。将规划形成文档，经组织的决策人员批准后生效，并将其作为组织整体规划的一部分。

5.3 管理信息系统战略规划的常用方法

管理信息系统的规划方法有很多，如战略目标集转化法、企业系统规划方法、关键成功因素、企业信息特征法、组合管理、信息工程、企业信息分析与集成技术、信息工程法、价值链分析法、CSB 方法、战略一致性模型等。这些规划方法出现在不同的时期，每种规划方法都有其自身的特点和适用范围，在实际应用过程中，往往是多种规划方法结合使用。本节将重点介绍战略目标集转化法、企业系统规划法、关键成功因素法、CSB 方法和战略一致性模型法。

5.3.1　战略目标集转化法

战略目标集转化法(strategy set transition，SST)是威廉·金(William King)于 1978 年提出的。战略目标集转化法是把组织的战略目标转变为 MIS 战略目标的过程。战略目标集转化法的步骤如下。

(1) 识别组织的战略集。一般来说，组织战略集可以从组织战略规划中获得，如果组织没有成文的战略规划，可以先描绘出组织各类人员，如卖主、经理、雇员、供应商、顾客、贷款人、政府代理人、地区社团及竞争者，然后确定组织各类人员的目标、使命和战略，最后分析影响战略的因素，包括组织面临的机遇和挑战、管理复杂性、环境对组织目标的约束等。

(2) 将组织战略集转化成管理信息系统战略。管理信息系统战略应包括系统目标、约束以及系统体系结构。首先，根据组织目标确定信息系统目标，然后对应组织战略集的元素识别出对应的信息系统战略约束，最后根据信息系统目标和战略约束提出整个信息系统体系结构。

5.3.2　企业系统规划法

1. 企业系统规划法的思路

企业系统规划法(business system planning，BSP)是 IBM 公司于 20 世纪 70 年代提出的方法。它从企业目标入手，逐步将企业目标转化为 MIS 的目标和结构，从而更好地支持企业目标的实现，基本思想是先自上而下识别企业目标、企业流程、数据，然后自下而上设计系统，实现系统功能，来支持系统目标达成。

2. 企业系统规划的步骤

企业系统规划的步骤如下。

(1) 准备工作。成立总体规划小组，由企业的最高领导层参与并直接管理，再设立一个规划研究组，制订小组计划，包括研究计划、采访日程、规划报告的纲要以及所需要的资金等。

(2) 组织调研。组织调研包括了解企业组织的环境、地位、特点，管理的基本目标，组织中关键管理人员，现行信息系统的概况、基本目标，工作人员的技术力量，硬、软件环境，近两年来运行情况、效益及存在的主要问题，各类统计数字等。

(3) 业务流程识别与重组。对现有流程进行识别，之后进行分析与优化。业务流程有三类：计划/控制类流程、产品/服务类流程、支持资源类流程。

计划/控制类流程是企业战略规划和管理控制方面的流程。企业战略规划流程主要有经济预测、组织战略计划、政策开发流程等。管理控制方面的流程包括市场计划、产品计划、资金计划、运营计划、人员计划等。

产品/服务类流程是对产品的生命周期(要求、获得、服务、退出)进行管理的流程。产品要求阶段涉及的流程有市场计划、预测、定价、材料需求计划等;产品获得阶段涉及的流程有产品说明、材料购买、生产运行与调度等;产品服务阶段涉及的流程有库存控制、质量检测等;产品退出阶段涉及的流程有销售与运输流程等。

支持资源类流程是对企业支持资源(人、财、物)的生命周期进行管理的流程。对"人"而言,生命周期中的要求、获得、服务、退出的对应流程为人事计划、招聘、补充、退休;对"财"而言,对应流程为财务计划、资金获得、财务管理、会计支付;对"物"而言,对应流程为生产材料和设备需求、购买材料和设备、库存控制与机器维修、订货控制与设备报废等。

(4) 定义数据类。数据类是指支持业务流程所必需的逻辑上相关联的数据。对数据进行分类是按业务流程进行的,即将与业务流程相关的输入数据和输出数据按逻辑相关性归纳成数据类。

(5) 定义信息系统结构。BSP 方法将业务流程和数据类作为定义信息系统总体结构的基础,利用过程/数据矩阵(也称 U/C 矩阵)来表达两者之间的关系,步骤如下。

① U/C 矩阵的建立。U/C 矩阵将数据和业务流程安排在一个矩阵中来表达两者之间的关系,矩阵中的行表示数据类,列表示流程,并以字母 U(Use)和 C(Create)来表示过程对数据类的使用和产生。

例如,某企业全部活动共被定义为 19 个功能(流程):经营计划、财务规划、资产规模、产品预测、产品设计与开发、产品工艺、库存控制、调度、生产能力计划、材料需求、操作顺序、销售管理、市场分析、订货服务、发运、财务会计、成本会计、用人计划、业绩考评。此企业共产生和使用 16 类数据:客户、订货、产品、工艺流程、材料表、成本、零件规格、材料库存、成品库存、职工、销售区域、财务计划、计划、设备负荷、物资供应、任务单,该企业的 U/C 矩阵如图 5-2 所示。

② 检验 U/C 矩阵。对 U/C 矩阵进行完备性检验、一致性检验和无冗余性检验。完备性检验就是每一个数据类必须有一个产生者(即"C")和至少有一个使用者(即"U"),每个功能必须产生或者使用数据类;一致性检验就是每一个数据类仅有一个产生者,即在矩阵中每个数据类只有一个"C",如果有多个产生者的情况出现,则会产生数据不一致的现象;无冗余性检验就是每一行或每一列必须有"U"或"C",即不允许有空行空列,若存在空行空列,则说明该功能或数据的划分是没有必要的、冗余的。如果 U/C 矩阵检验存在问题,就要查找原因并进行修正。

③ 求解 U/C 矩阵:使得矩阵中的 C 靠近主对角线。在这张表中,字母 C 被大致排列在从左上角到右下角的矩阵对角线上,如图 5-3 所示。

④ 划分子系统。用粗实线框出功能组(字母 C 被圈入方框内),并给功能组起一个名称,每个功能组就是一个子系统。方框的选择需要一定的判断力和实际经验,可参照系统的逻辑职能来划分。方框代表着逻辑信息系统的划分,负有产生和维护系统内数据类的

责任。本企业的划分结果如图 5-4 所示。

功能＼数据类	客户	订货	产品	工艺流程	材料表	成本	零件规格	材料库存	成品库存	职工	销售区域	财务计划	计划	设备负荷	物资供应	任务单	列号Y
经营计划		U		U								U	C				1
财务规划				U						U		C	C				2
资产规模												U					3
产品预测	C		U								U						4
产品设计开发	U		C	U	C		C					U					5
产品工艺			U		C		C	C									6
库存控制							C	C							U	U	7
调度		U	U					U						U		C	8
生产能力计划			U											C	U		9
材料需求		U	U		U		U									C	10
操作顺序				C										U	U	U	11
销售管理	C	U	U						U		U						12
市场分析	U	U	U								U	C					13
订货服务	U	C	U						U								14
发运		U	U						U								15
财务会计	U	U							U	U		U					16
成本会计		U	U			U						U					17
用人计划										C							18
业绩考评										U							19
行号X	1	2	3	4	5	6	7	8	9	10	11	12	13	14	15	16	

图 5-2　某企业的 U/C 矩阵

功能＼数据类	计划	财务计划	产品	零件规格	材料表	材料库存	成品库存	任务单	设备负荷	物资供应	工艺流程	客户	销售区域	订货	成本	职工
经营计划	C	U												U	U	
财务规划	U	C												U		U
资产规模		U														
产品预测			U									U	U			
产品设计开发	U		C	C	C							U				
产品工艺			U	U	U	U										
库存控制						C	C	U		U						
调度			U			U	C	U			U					
生产能力计划									C	U	U					
材料需求			U	U	U			C						U		
操作顺序								U	U	U	C					
销售管理		U	U				U					C	U	U		
市场分析		U	U				U					U	C	U		
订货服务		U	U				U					U	U	C		
发运		U	U				U							U		
财务会计	U	U	U				U					U		U		U
成本会计	U	U	U										U	C		
用人计划																C
业绩考评																U

图 5-3　调整后的 U/C 矩阵

功能	数据类	计划	财务计划	产品	零件规格	材料表	材料库存	成品库存	工作令	机器负荷	材料供应	工艺流程	客户	销售区域	订货	成本	职工
经营计划	经营计划	C	U												U	U	
经营计划	财务规划	U	C													U	U
经营计划	资产规模		U														
技术准备	产品预测			U									U	U			
技术准备	产品设计开发	U		C	C	C							U				
技术准备	产品工艺			U	U	U	U										
生产制造	库存控制					C	C	U			U						
生产制造	调度			U				U	C	U	U						
生产制造	生产能力计划									C	U						
生产制造	材料需求			U		U	U				C						
生产制造	操作顺序								U	U	U	C					
销售	销售管理			U	U			U					C	U	U		
销售	市场分析			U	U								U	C	U		
销售	订货服务			U				U					U	U	C		
销售	发运			U	U			U					U	U			
财会	财务会计	U	U	U				U							U	U	U
财会	成本会计	U	U	U											U	C	
人事	人员计划															C	
人事	人员招聘/考评															U	

图 5-4　子系统划分

⑤　当一个字母 U 落在任意方框外时，必定存在着子系统之间的数据流。画出所有的**数据流**，删除所有的字母 C 和 U，并给子系统加上名称，这样就形成了新系统的体系结构，如图 5-5 所示。

功能	数据类	计划	财务计划	产品	零件规格	材料表	材料库存	成品库存	工作令	机器负荷	材料供应	工艺流程	客户	销售区域	订货	成本	职工
经营计划	经营计划	经营计划子系统													U	U	
经营计划	财务规划															U	U
经营计划	资产规模																
技术准备	产品预测			产品工艺子系统									U	U			
技术准备	产品设计开发	U→															
技术准备	产品工艺						U										
生产制造	库存控制						生产制造计划子系统										
生产制造	调度			U→													
生产制造	生产能力计划																
生产制造	材料需求			U→													
生产制造	操作顺序																
销售	销售管理			U	U			U					销售子系统				
销售	市场分析			U	U												
销售	订货服务			U				U									
销售	发运			U	U			U									
财会	财务会计	U	U	U				U					U→		U	1	←U
财会	成本会计	U	U	U				U					U→				
人事	人员计划																2
人事	人员招聘/考评																

注：1—财会子系统　　　2—人事档案子系统

图 5-5　新系统体系结构

（6）计算机的逻辑配置。从系统需求的角度提出对计算机配置的基本要求，而不涉及具体的硬件型号。计算机的逻辑配置方案应该包括客观的约束条件、处理方式、联机存储量、设备和软件等内容。

（7）完成 BSP 研究报告，提出建议书和开发计划。

5.3.3 关键成功因素法

关键成功因素法(critical success factors，CSF)是以关键因素为依据来确定系统信息需求的一种规划方法。在现行系统中，总存在着多个变量影响系统目标的实现，其中若干个因素是关键的和主要的(即成功变量)。通过对关键成功因素的识别，确定系统的需求，并进行规划。

关键成功因素法主要包括以下几个步骤。

（1）了解企业或者 MIS 的战略目标。

（2）识别所有的成功因素。

（3）确定关键成功因素。

（4）明确各关键成功因素的性能指标和评估标准。

（5）制订行动计划。

关键成功因素法的优点是能够使开发的系统具有很强的针对性，能够较快地取得收益，但出现新的关键成功因素后，就必须重新开发系统。

5.3.4 CSB 方法

CSB 方法是综合 CSF、SST 和 BSP 方法的特点而形成的组合规划方法。

（1）CSF 方法能抓住主要矛盾，使目标的识别突出重点，其所确定的目标和传统的方法衔接得比较好，但在目标细化和实现上作用很小。

（2）SST 方法从另一个角度识别管理目标，它反映了各类人员的目标要求，而且反映了目标的层次性。它能保证目标比较全面，疏漏较少，但它在突出重点方面不如 CSF 方法。

（3）BSP 方法虽然首先强调目标，但没有明显的目标制定过程，它是通过识别企业"过程"引出系统目标的。

CSB 方法是把这三种方法结合起来使用。先用 CSF 方法确定企业目标，然后用 SST 方法补充完善企业目标，并将这些目标转化为信息系统目标，用 BSP 方法校核两个目标，并确定信息系统结构，这样就补充了单个方法的不足。当然这也使得整个方法过于复杂，而削弱了单个方法的灵活性。

5.3.5 战略一致性模型法

许多学者对企业战略和 IT 战略之间的整合模型进行了深入研究，其中企业管理与信息系统战略一致性模型(strategic alignment model，SAM)是最具代表性的，如图 5-6 所示。

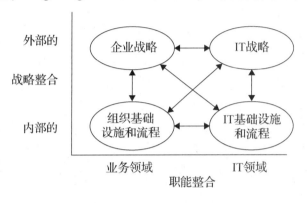

图 5-6 战略一致性模型

SAM 从横向上把战略整合涉及的领域划分为业领域和 IT 领域两部分，又从纵向把业务领域和 IT 领域划分为内、外两部分，称为内部领域和外部领域。外部领域主要包括企业战略和 IT 战略两部分，内部领域包括组织基础设施和流程与 IT 基础设施和流程。在管理实践活动中，SAM 的四个领域之间将会随着内、外环境的变化，采取不同的运作方式。如以企业战略作为驱动力，可以形成支持运营、技术变革两种对应视角；以 IT 战略作为驱动力，可以形成获得竞争潜力和提高服务水平两种对应视角。

SAM 给管理者一个很大的启示是：不应仅仅简单地识别、采用最好的技术来重构组织或者简化流程，而更应该对以 IT 战略为驱动的竞争潜力和服务水平两个整合领域有所关注。可以说，迄今为止信息系统战略规划没有一种十全十美的方法。由于战略规划本身的非结构性，可能永远也找不到一个唯一解。任何一个企业的规划均不应照搬以上方法，而应当具体情况具体分析，选择以上方法的可取之处，灵活运用。

5.4 业务流程重组

业务流程重组(business process reengineering，BPR)是 1990 年首先由美国著名管理大师、原麻省理工学院教授迈克尔·哈默(Michael Hammer)提出，随即成为席卷欧美等国家的管理革命浪潮。IBM、科达、通用汽车、福特汽车等纷纷推行 BPR，试图利用它发展壮大自己。这些大企业实施 BPR 以后，取得了巨大成功，企业界把它视为获得竞争优势的重要战略，看成一场工业管理革命。业务流程重组是实施管理信息系统过程中必须要重视的核心问题。

5.4.1 BPR 的内涵

业务流程重组就是对企业的业务流程(process)进行根本性的(fundamental)再思考和彻底性的(radical)再设计，从而获得在成本、质量、服务和速度等方面业绩的引人注目的(dramatic)改善。

根本性再思考表明业务流程重组所关注的是企业核心问题，如"我们为什么要做现在这项工作""我们为什么要采用这种方式来完成这项工作""为什么必须由我们而不是别人来做这份工作"等。通过对这些企业运营最根本性问题的思考，企业将会发现自己赖以生存或运营的商业假设是过时的，甚至是错误的。

彻底性再设计表明业务流程重组应对事物进行追根溯源，对已经存在的事物不是进行肤浅的改变或调整性的修补完善，而是抛弃所有的陈规陋习，并且不需要考虑一切已规定好的结构与流程，是开拓创新完成工作的方法，重新构建企业业务流程，而不是改良、增强或调整。

引人注目的改善表明业务流程重组追求的不是一般意义上的业绩提升或略有改善、稍有好转等，而是要使企业业绩有显著的增长、极大的飞跃和产生显著的变化，这是流程重组工作的特点和取得成功的标志。

5.4.2 BPR 的步骤

1. 了解企业存在的问题，确定要实现的目标

流程重组小组需与一线工作人员进行访谈，了解企业经营所面临的问题，提出流程重组要求，确定流程重组后要达到的目标。

2. 选择需要重组的业务流程

选择需要重组的业务流程意义重大，它关系到事后所能取得的绩效以及对今后改造的模范作用。一般来说，需要选择那些严重影响企业效率、成本或增值，导致生存问题的关键流程，也要考虑根据顾客最关心的内容和最易实施成功的流程，来拟定优先重组的业务流程，提升客户的满意度，并能够以较小的风险获得相对可观的效益，为后续的业务流程重组积累经验，增进信心。

3. 分析现有流程，发现症结所在

对选择好要重组的业务流程进行细致、准确的分析，弄清楚现有流程的核心环节、优缺点及存在的突出问题，并考察重组可能涉及的部门，做初步影响分析。

4. 设计新的业务流程

根据设定的目标、现有流程的不足及重组的原则，构建新的业务流程模型。

5. 评价新的业务流程

根据企业既定目标与现实条件，对新流程进行评估，评价其是否可行，效益如何以及能否有效实现原定目标。

6. 实施、修正新流程

实施新流程，并通过实践将其不断完善。

5.4.3 BPR 的原则

BPR 能够为企业创造优化的业务流程，提升企业的核心竞争力，要遵循的原则如下。

(1) 消除(eliminate)。消除现有流程中的非必要的非增值活动，如过量生产或过量供应、等待时间、运输、移动、缺陷、故障与返工、重复任务、信息格式重排、检验、监视和控制等。

(2) 简化(simply)。简化必要流程，可以从记录、程序、沟通、物流等方面进行简化，如随时随地的审批流程，让审批工作更加快捷、高效等。

(3) 整合(integration)。整合现有流程，使之流畅、连贯并能够满足顾客需要。可以从活动、团队、顾客和供方四个方面考虑整合，如业务一体化、面向订单的单点接触的全程服务、跨职能部门的流程作业团队、统一的顾客资源管理系统等。

(4) 自动化(automate)。自动化流程，即充分运用和发展信息技术的强大功能，提升流程效率与准确性,如计算机代替累活与乏味的工作、数据采集与传输等。

通常，重组之后的业务流程将呈现以下特点：组织扁平化，决策权下放或外移；审核与控制明显减少；取消装配线式的工作环节；同步工作方式代替了顺序工作方式；通才或专案员主导型的工作方式；管理者的工作职责转变为指导、帮助和支持。

5.4.4 福特公司的 BPR

北美的福特汽车公司应付账款部门重组其应付账款业务流程以减少其管理费用，可以说是 BPR 最经典的一个案例。

福特汽车公司是美国三大汽车巨头之一，但是到了 20 世纪 80 年代初，福特像许多美国大企业一样面临着日本竞争对手的挑战，因而想方设法削减管理费用和各种行政开支。当时福特北美预付款部门雇佣员工 500 余人，冗员严重，效率低下。福特汽车公司最初制定的改革方案是运用信息技术，减少信息传递，以达到裁员 20%的目标。但是参观了 Mazda 之后，他们发现，Mazda 是家小公司，其应付款部门仅有 5 人，就算按公司规模进行数据调整之后，福特公司也多雇用了 5 倍的员工。于是他们推翻了第一种方案，决定对其公司及与应付账款部门相关的整个业务流程进行彻底重组。福特汽车公司应付账款部门的传统和优化后的业务流程分别如图 5-7 和图 5-8 所示。

在传统流程中,采购部门向供货商发出订单,并将订单的复印件送往应付账款部门,供货商发货,验收部门对货物进行验收,并将验收报告送到应付账款部门,同时,供货商将产品发票送至应付账款部门,当且仅当"订单""验收报告"及"发票"三者一致时,应付账款部门才能付款。往往该部门的大部分时间都花费在因这三者的不一致而进行的处理工作上,从而造成了人员、资金和时间的浪费。

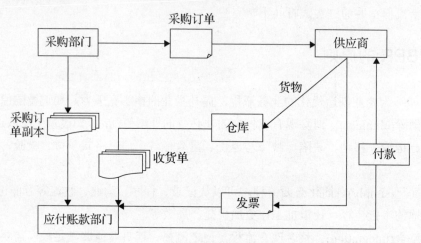

图 5-7　福特公司应付账款部门传统的业务流程

对传统流程进行 BPR 后,采购部门发出订单,同时将订单内容输入联机数据库;供货商发货,验收部门核查来货是否与数据库中的内容相吻合,如果吻合就收货,并在终端上通知数据库,计算机会自动按时付款。

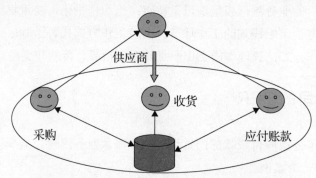

图 5-8　福特公司应付账款部门优化后的业务流程

福特公司应付账款部门流程重建的成果如下。

(1) 以往应付账款部门需在订单、验收报告和发票中核查 14 项内容,而如今只需 3 项——零件名称、数量和供货商代码。

(2) 实现裁员 75%,而非原定的 20%。

(3) 付款及时而准确,并使得财务信息更加准确。

本 章 小 结

　　管理信息系统战略规划是关于管理信息系统长远发展的规划，是一个组织战略规划的重要组成部分，一般包含三年或者更长期的计划，同时还包含一年的短期计划，其步骤为确定规划的性质、收集相关信息、战略规划分析、定义约束条件、明确战略目标、提出未来的战略、确定实施进度和评估信息系统规划。管理信息系统的规划方法有很多，如 IBM 的企业系统规划方法(BSP)、战略目标集转化法(SST)、关键成功因素法(CSF)等，每种规划方法都有其自身的特点和适用范围，所以在实际应用过程中，往往是多种规划方法结合使用。管理信息系统在企业中的应用需要进行业务流程重组。业务流程重组就是对企业的业务流程(process)进行根本性的(fundamental)再思考和彻底性的(radical)再设计，从而获得在成本、质量、服务和速度等方面业绩的引人注目的(dramatic)改善，要遵循的原则有消除非增值的流程、简化必要流程、整合现有流程和自动化流程。

思 考 题

1. 简述战略目标集转化法的基本步骤。
2. 简述企业系统规划方法的步骤。
3. U/C 矩阵的正确性由哪些方面检验？
4. 简述关键成功因素法的步骤。

 微课资源

扫一扫：请扫描书后防盗码，获取权限。

　　　战略规划　　　　　　　　自测题自由练习

第6章 管理信息系统的系统分析

6.1 系统分析的内涵与任务

系统分析是继系统战略规划之后的一个重要任务，是管理信息系统正式开发的第一个阶段，也是承接战略规划和系统设计的桥梁。

系统分析的任务是在充分认识原系统的基础上，明确新系统的目标，设计新系统的逻辑模型，并采用适当的方法表达出来，形成新系统的逻辑方案。系统分析主要是确定系统"做什么"的问题，包括需求分析和新系统逻辑模型设计两个阶段。

需求分析是指在对现行系统调查的基础上，以现代管理理论和方法为指导，对现行系统的经营管理目标、功能和数据流程进行分析和研究，指出存在的问题，提出改进的意见。由于需求分析覆盖了组织管理的方方面面，涉及众多的业务流程、数据等，需要很好地组织和展开。

新系统逻辑模型设计是指在需求分析的基础上，从一般信息处理的角度提出新系统的逻辑模型，从总体上规定新系统的逻辑结构，为今后系统的设计和实施提供基本的框架。

系统分析的关键在于"理解"和"表达"。"理解"要求系统分析人员要善于挖掘出用户没有明确表达出来的需求，要善于通过系统分析修正用户提出的要求；"表达"要求采用恰当的工具描述对系统的理解，使系统分析人员与用户能够对系统的功能进行沟通，使设计员能够正确理解系统的功能，保证开发的系统符合用户需求。

6.2 系统分析的原则与步骤

6.2.1 系统分析的原则

系统分析的原则主要有以下三项。

1. 逻辑模型设计与物理模型设计分开的原则

逻辑模型设计是解决"做什么"的问题，而物理模型设计是解决"如何做"的问题，逻辑模型设计是系统分析阶段的核心工作，而物理模型设计是系统设计阶段的核心工作，二者处于不同的工作阶段。

2. 面向用户的原则

系统存在的价值就是满足用户要求,所以系统分析要以"用户"为中心。系统分析由系统分析员完成,这需要系统分析员充分与用户沟通,明确用户的实际需求。

3. 结构化分析的原则

结构化分析是指以抽象和分解为手段,对系统进行自顶向下的逐层分解、逐步细分、逐步求精,从而达到易于理解的目的。抽象是把复杂的处理内容隐蔽起来,分解是把一个复杂问题分割成若干个较小、较易解决的问题,然后分别处理。

6.2.2 系统分析的步骤

系统分析的步骤主要有以下四个。

(1) 现行系统调查。通过多种途径对现行系统的组织结构、业务流程及数据流程做全面细致的调查研究,充分了解目前管理、业务和信息需求的现状,绘制现行系统的组织结构图、业务流程图、数据流程图并整理各种单据和报表。

(2) 系统分析与新系统目标确定。进行现行系统调查后,需要具体分析组织、业务、数据流程中有哪些是合理的、必要的,哪些是需要改进的、增加的,结合组织战略目标与用户需求,对新系统的目标进行确定。

(3) 新系统逻辑模型设计。构建新系统的逻辑模型,使其满足新系统目标,支持组织发展战略。

(4) 编写系统分析说明书。将系统分析阶段的成果按一定的格式编制系统分析说明书。系统分析说明书一方面用于用户与系统分析员沟通新系统的逻辑模型是否满足用户需求,另一方面供系统设计员进行系统物理模型的设计。

6.3 可行性分析

可行性分析是根据组织需求、系统的环境、资源等条件,判断所提出的信息系统项目是否有必要、有可能进行开发。可行性分析主要从技术、经济、社会三个方面来分析。

1. 技术可行性分析

技术可行性分析就是分析在现有技术条件下系统要求是否有可能实现。例如,对存储能力、通信功能的要求等,都需要根据现有的技术水平进行认真的思考。现有技术水平是指社会上已经比较普遍地使用了的技术,不应该把尚在实验室里的新技术作为讨论的依据。对于组织文化体现为风险厌恶型的单位或者说相对保守的单位,那些还没有成为主流技术的产品也要尽量少考虑。

2. 经济可行性分析

经济可行性分析包括对项目所需费用的预算和对项目效益的估算。经济可行性分析是可行性分析的重要内容，如果忽略这个环节，或者做得不科学，可能造成巨大的损失。实际分析过程中，常常发生低估费用、高估收益的情况，主要原因如下所述。

(1) 只考虑了计算机的费用，而低估了外围设备的费用。

(2) 只考虑了硬件的费用，而低估了软件的费用。

(3) 只考虑了研制系统时所需要的一次性投资，而忘记或低估了日常运行的维持性费用(如耗材备件、软盘、打印纸等各种耗材)。

(4) 只考虑了设备材料等物资的费用，而忘记或低估了人员技术培训的费用等。

所有这些都使人们低估了改善信息系统的费用。另外，对于项目的收益，人们往往把引进信息系统后增加的信息处理的能力，与实际发展出来的效益混为一谈。

3. 社会可行性分析

由于管理信息系统是在社会环境中工作的，除了技术因素与经济因素外，还有许多社会因素对系统的开发起着制约作用，所以开发管理信息系统项目，还需要考查各种社会因素，才能确定系统开发是否可行。

总之，需从以上三个方面来判断系统是否具备开发的各种必要条件。在可行性研究结束之后，根据分析结果编写可行性报告，形成正式的工作文件。

6.4　组织结构调查

组织结构指的是一个组织的组成要素及这些组成要素之间的隶属关系或者管理与被管理的关系。组织结构调查包括以下内容。

1. 组织的使命、目标与发展战略

组织的使命、目标与发展战略包括关于组织的使命、宗旨的总陈述，组织在未来若干年内(比如 5～7 年内)的发展方向与目标，组织的发展重点与主要措施。这些内容反映了整个组织的工作方向与基调，为确定系统开发的目标与主要工作内容提供了依据。一般来说，比较规范的组织都有正规的文件对这些内容有所记载。某些小型组织可能不具备完整的资料，或者现有文件资料已经过时，系统分析人员必须向组织的现任领导者调查了解。

2. 组织部门的目标与宗旨

组织部门是整个组织的基本单位。各班组、科室、处、部以及其他固定的和临时的下属组织都有自己的目标和宗旨。从逻辑上来说，下属组织部门的目标和宗旨应符合与支持组织的整体目标。在组织实际运行过程中，需要调查组织部门的目标与宗旨是否符合整个组织的目标，为组织部门的目标与宗旨或整体目标的优化提供参考信息。

3. 规章制度与政策

规章制度与政策是一个组织进行业务活动的规则与指导方针。为实现组织的整体目标，应该贯彻执行这些规章制度与政策，因此需要了解规章制度与政策是否支持组织的整体目标、在实际运行过程中是否有效执行、对组织当前和未来发展有何影响等。这些信息的获取有利于组织规章制度与政策的优化，为新系统提供良好的运行环境。

4. 各级管理者的权利、责任与岗位职责

系统开发的成功与否，取决于管理者的支持程度。调查过程中，注意收集各级管理者的权利、责任与岗位职责，收集他们对目前权利、责任与岗位职责有什么样的想法以及他们对目前系统如何评价。除此以外，系统开发者还要弄清来自哪些管理者的支持是整个系统成功的关键，他们对系统开发具有怎样的态度，他们对系统的意见等情况，为组织结构的变革以及新系统的开发提供信息。

5. 系统用户的综合需求

系统是以"用户"为中心，系统的用户是谁？现有的系统能给用户提供什么样的信息？用户对新系统有什么样的信息需求、安全需求、性能需求等功能性需求和非功能性需求，这些内容调查都是未来新系统逻辑功能设计的基础。

6.5 业务流程调查

6.5.1 业务流程调查的内容

企业业务流程是指为完成某一个目标或任务而进行的一系列逻辑相关的活动的有序的集合。例如，新产品开发流程、采购流程、生产流程、员工招聘流程。业务流程调查首先是在组织结构调查基础上，详细列出组织的业务功能，然后分析业务功能中各个活动间的逻辑联系、时序关系、数据联系、资源约束和活动的相关性等。通过业务流程调查，可以对业务功能在组织间的交叉、各层次的管理深度以及一些不尽合理的现象有所了解，从而为业务流程的优化打好基础。

6.5.2 业务流程图图示

业务流程图是描述系统内各个单位、人员之间的业务关系、作业顺序和管理信息流向的图表。业务流程图基本符号及含义如图 6-1 所示。

某项业务参与的人

数据流动及方向：表达了业务数据的流动方向

各类单证、报表：表明了数据的载体

业务处理部门或单位

图 6-1　业务流程图图示

6.5.3　业务流程图绘制案例

业务流程图的绘制没有严格规定，只要能简明真实地反映实际业务流程即可。常用的业务流程图有管理业务流程图和表格分配图两种。下面是绘制业务流程图的相关案例。

1. 管理业务流程图

(1) 某工厂成品库管理的业务过程如下：成品库保管员按照车间送来的入库单登记库存台账。发货时，发货员根据销售科送来的发货通知单将成品出库并发货，同时填写三份出库单，其中一份交给成品库保管员，由他按此出库单登记库存台账，出库单的另外两联分别送给销售科和会计科。其业务流程图如图 6-2 所示。

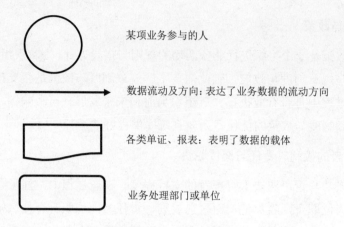

图 6-2　某工厂成品库管理的业务流程

(2) 车间填写领料单交给仓库要求领料，库长根据用料计划审批领料单，未批准的领料单退回车间，批准了的领料单被送到仓库保管员那里，仓库保管员查阅库存账，若有货，则通知车间前来领料，否则将缺货通知送给采购员。其业务流程图如图 6-3 所示。

(3) 采购员从仓库收到缺货通知后，查阅订货合同，若已经订货，则向供货单位发出催货请求，否则就填写补充订货单交给供货单位。供货单位发出货物后，立即向采购员发出提货通知。其业务流程图如图 6-4 所示。

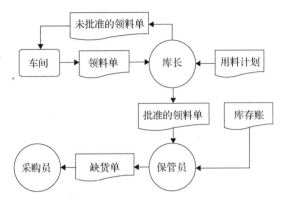

图 6-3　车间领料流程

2. 表格分配图

表格分配图可帮助系统分析人员表示出系统中各种单据和报告都与哪些部门发生业务关系，如图 6-5 所示。

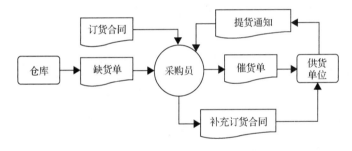

图 6-4　采购流程

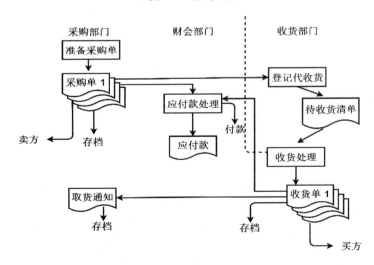

图 6-5　表格分配图表示的业务流程

6.6 数据流程图

6.6.1 数据流程图的内涵与图示

为了建立一个满足用户需求的系统，系统分析人员应在深入调查、详细占有资料的基础上，集中分析管理活动中信息运动的规律和存在的问题，研究如何改善信息流的运动，满足用户管理决策活动中的信息需求，以建立系统的逻辑模型。在调查中，凡是与业务有关的单据、凭证、台账和报表，都要全面收集，并了解其产生和使用的部门、发生的周期、用途以及所包含的每个数据项的含义、类型、长度、来源和算法等内容。

数据流程图就是用几种简单的符号综合描述信息在系统中的流动、存储、加工和流出的具体情况。数据流程图中不考虑具体的组织结构、工作场所、物流、资金流等。数据流程图是系统分析人员与用户进行交流的有效手段，也是系统设计的主要依据之一。数据流程图如图 6-6 所示。

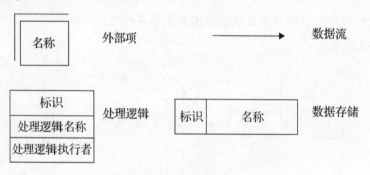

图 6-6 数据流程图

1. 外部项

外部项指系统以外的单位或人，它表达了该系统数据处理的外部来源和去处。

2. 数据流

数据流表明流动的数据，可以是一项数据，也可以是一组数据，也可以用来表示对系统文件的存储操作。在数据流的上方写数据流的名称，如果数据流含义明确，名称可以省略。

3. 处理逻辑

处理逻辑表达对数据处理的逻辑功能，也就是把流向它的数据进行一定的加工处理，产生新的数据。它由三部分组成，具体如下。

(1) 标识。唯一标识出这个处理逻辑，可用字母 P 加数字表示，如 P1、P2 等。如果处理逻辑比较多，可用标识表示出处理逻辑之间的层次关系，如从标识 P1.1、P1.2、P1.1.1、

P1.1.2 中，可以看出 P1.1.1 和 P1.1.2 隶属于 P1.1，是 P1.1 分解出来的下层处理逻辑，而 P1.1 和 P1.2 表示两个并列的处理逻辑。

(2) 处理逻辑名称。处理逻辑名称是处理逻辑中必不可少的组成部分，常用一个动词和名词来直接表示这个处理所要完成的事情，如录入凭证、打印报告等。

(3) 处理逻辑执行者。处理逻辑执行者表示该处理逻辑由谁来完成，可以是一个人、一个部门或者一个计算机程序，也可以省略。

在数据流程图中，处理逻辑必须有输入/输出的数据流，可有若干个输入/输出的数据流，但不能只有输入或输出的数据流。

4. 数据存储

数据存储是指通过数据文件、文件夹或者账本等存储数据。数据存储分为标识和名称两部分，其含义和处理逻辑相同。可以向数据存储中存入数据，也可以从数据存储中读取数据；还可以先从数据存储中读取数据，经系统修改后又重新存入数据存储中，即更改数据存储中的数据。

6.6.2 数据流程图绘制原则

由于数据流程图在系统开发中的重要作用，绘制数据流程图必须坚持正确的原则和运用科学的方法。绘制数据流程图应遵循的主要原则有以下几个。

(1) 明确系统界面。系统分析人员要根据调查材料，识别出不受系统控制，但又影响系统运行的外部项，以确定系统和外部环境的界面，集中力量分析、确定系统本身的功能。

(2) 自顶向下逐层扩展。系统的处理逻辑可能成百上千，关系错综复杂，不可能用一两张数据流程图明确、具体地描述整个系统的逻辑功能，而自顶向下的原则为绘制数据流程图提供了一条清晰的思路和标准化的步骤。

(3) 合理布局。数据流程图中各种符号要布局合理、分布均匀、整齐、清晰，便于用户、系统分析员、设计员等交流沟通，免生误解。一般系统数据主要来源的外部项尽量安排在左边，而数据主要去处的外部项尽量安排在右边，必要时可采用重复的外部项和重复的数据存储符号来避免数据流的箭线交叉或过长。

(4) 数据流程图只反映数据流向、数据加工和逻辑意义上的数据存储，不反映任何数据处理的技术过程、处理方式和时间顺序，也不反映各部分相互联系的判断与控制条件等技术问题。

(5) 数据流程图绘制过程，必须始终与用户密切接触、详细讨论，不断修改，也要和其他系统建设者共同商讨以求意见一致。

6.6.3 数据流程图的绘制步骤

数据流程图的绘制步骤如下所述。

(1) 确定所开发的系统的外部项(外部实体),即系统的数据来源和去处。

(2) 确定整个系统的输出数据流和输入数据流、数据存储,把系统作为一个处理逻辑,画出关联图。把数据来源(即输入数据流)置于图的左侧,数据去处(即输出数据流)置于图的右侧,此关联图作为系统的顶层数据流程图。

(3) 对顶层图的处理逻辑进行分解,画出一级细化图。一般情况下,细化图对应于上层数据流程图中的一个处理逻辑,但如果上层数据流程图中处理逻辑分解数量少时,细化图亦可对应于上层图中一个以上的处理逻辑。绘制细化图时,确定每个处理逻辑的输出与输入数据流以及与这些处理逻辑有关的数据存储。根据各处理逻辑和数据存储的输出与输入数据流的关系,将外部项、各处理逻辑以及数据存储环节用数据流连接起来,为各数据流、处理逻辑和数据存储命名、编号。

(4) 重复步骤(3),直到逐层分解结束。分解结束的标志是对于每一个最底层的加工,其处理逻辑已足够简单、明确和具体。

(5) 对数据流程图进行检查和合理布局,主要检查分解是否恰当、彻底,数据流程图中各成分是否有遗漏、重复、冲突之处,各层数据流程图及同层数据流程图之间关系是否正确及命名编号是否确切、合理等,对错误与不当之处进行修改。

(6) 和用户进行交流,在用户完全理解数据流程图内容的基础上征求用户的意见。和用户讨论的主要问题是:系统逻辑功能的设置和描述是否合理,能否满足用户的信息需求;数据流和数据存储的内容以及数据来源和去处(外部项)是否符合实际描述,是否准确、合理;在了解数据流程图的全部内容后,用户对系统逻辑功能有什么进一步的意见与要求。系统分析人员根据与用户讨论的结果对数据流程图模块图进行修订。

(7) 用计算机或其他制图、编辑工具画出正规的数据流程图。

(8) 将正规的数据流程图提交系统分析负责人复审。若有修改之处,则组织人员修改,否则,通过复审,数据流程图绘制过程结束。

6.6.4 数据流程图案例

(1) 某仓库管理按以下步骤进行信息处理。保管员根据当日的出库单和入库单通过出库处理和入库处理分别将数据输入"出库流水账"和"入库流水账",并修改"库存台账"。根据库存台账由统计打印程序输出库存日报表。需要查询时,可利用查询程序进行查询处理。该过程的数据流程图如图 6-7 所示。

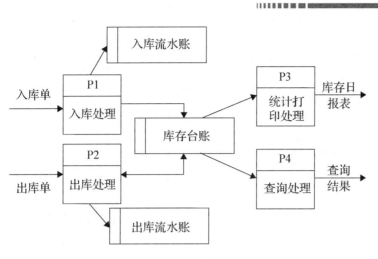

图 6-7　仓库管理过程的数据流程图

(2)　某销售处理按以下步骤进行信息处理。销售部门对收到的用户订货单进行审核，不合格的退回用户；将合格的订货单送仓库查验。仓库根据库存台账查验订货单，若有货则向用户发出发货通知单；若缺货，则向采购部门发出缺货通知单。销售处理过程的数据流程如图 6-8 所示。

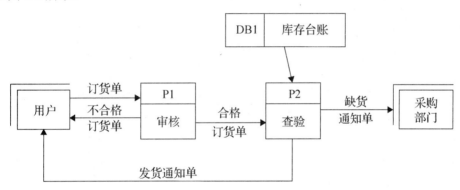

图 6-8　销售处理过程的数据流程图

6.7　数　据　字　典

6.7.1　数据字典的内涵

　　数据流程图描述了信息在系统中的流动、处理和存储情况，为系统分析人员与用户讨论、理解、分析目标系统的逻辑结构提供了直观而有效的工具。但是，数据流程图缺乏对所包含的各成分内容的详细描述，必须借助其他工具对数据流程图加以补充说明和管理，而**数据字典**就是具有这种功能的工具之一。

　　数据字典就是将数据元素、数据结构、数据流、数据存储、加工处理和外部项等的详细情况加以记录，并按照一定方式进行排列所形成的一部关于数据的字典。数据字典是进一步定义和描述所有数据项的工具，是关于数据的数据(data about data)，是数据流程图的辅助资料，对数据流程图起注解作用。在整个系统的开发过程中，包括系统交付运行使用后的维护阶段，一直在充实和修改这部数据字典，始终保持它的一致性和完整性。系统设计人员要根据它制定系统设计方案，数据字典是所有开发人员共同的依据、统一的标准。

6.7.2 数据字典的定义

1. 数据项的定义

数据项又称为数据元素，是数据的最小单位。数据字典仅对数据的静态特征进行定义，可从以下几个方面进行：数据项的名称、编号、别名、简述、类型、长度和取值范围。

数据项编号： I02-01

数据元素名称：材料编号

别名(程序数据文件内部用名)：材料编码

简述：某种材料的代码

类型：字符型

长度：4 个字节

取值范围：0001～9999

2. 数据结构的定义

数据结构描述了数据项之间的关系。对数据结构的定义可从以下几个方面进行：数据结构的名称、编号、简述、类型、长度和组成。

数据结构编号： DS03-01

数据结构名称：用户订货单

简述：用户所填用户情况及订货要求等信息

类型：字符型

长度：26(字节)

组成：DS03-02+DS03-03+DS03-04

如表 6-1 和表 6-2 所示，用户订货单是由订货单标识、用户情况、配件情况 3 个数据结构组成。

表 6-1　用户订货单数据结构定义

数据结构编号	DS03-01
数据结构名称	用户订货单
简述	用户所填用户情况及订货要求等信息
数据结构组成	DS03-02+DS03-03+DS03-04

表 6-2 用户订货单数据结构组成

DS03-01		
DS03-02：订货单标识	DS03-03：用户情况	DS03-04：配件情况
I1：订货单编号	I3：用户代码	I10：配件代码
I2：日期	I4：用户名称	I11：配件名称
	I5：用户地址	I12：配件规格
	I6：用户姓名	I13：订货数量
	I7：电话	
	I8：开户银行	
	I9：账号	

3. 数据流的定义

数据流由一个或者一组固定的数据项组成。定义数据流时，可从以下几个方面进行：数据流的编号、数据流的名称、数据流的描述、数据流的组成、数据流的来源、数据流的去向、数据的流量。

数据流编号：F03-08

数据流名称：领料单

简述：车间开出的领料单

数据流来源：车间

数据流去向：发料处理模块

数据流组成：材料编号+材料名称+领用数量+日期+领用单位

数据流量：10 份/时

高峰流量：20 份/时(上午 9:00—11:00)

4. 处理逻辑的定义

处理逻辑的定义仅对数据流程图中最底层的处理逻辑加以说明，可从以下几个方面进行：处理逻辑的编号、处理逻辑的名称、处理逻辑的描述、处理逻辑的处理过程、输入数据流、输出数据流、处理的频率。

处理逻辑编号：P02-03

处理逻辑名称：计算电费

简述：计算应交纳的电费

输入数据流：数据流电费价格，来源于数据存储文件价格表；数据流电量和用户类型，来源于处理逻辑"读电表数字处理"和数据存储"用户文件"。

处理：根据数据流"用电量"和"用户信息"，检索用户文件，确定该用户的类别；再根据已确定的该用户类别，检索数据存储价格表文件，以确定该用户的收费标准，得到单价；用电价和用电量相乘得到该用户应交纳的电费。

输出数据流：数据流"电费"，一是去外部项"用户"，二是写入数据存储"用户电费账目"文件。

处理频率：对每个用户每月处理一次。

5. 数据存储的定义

数据存储在数据字典中重点描述数据的逻辑结构。定义数据存储时，可从以下几个方面进行：数据存储的编号、数据存储的名称、数据存储的描述、数据存储的组成、关键字、相关联的处理。

数据存储编号：F03-08

数据存储名称：库存账

简述：存放配件的库存量和单价

数据存储组成：配件编号+配件名称+单价+库存量+备注

关键字：配件编号

相关联的处理：P02，P03

6. 外部实体的定义

外部实体的定义，可从以下几个方面进行：外部实体的编号、外部实体的名称、外部实体的描述、有关的数据输入和输出。

外部实体编号：S03-01

外部实体名称：用户

简述：购置本单位配件的用户

输入的数据流：D03-06，D03-08

输出的数据流：D03-01

6.8　描述处理逻辑的工具

在数据字典中，对比较简单的处理逻辑进行了定义，但对于复杂的处理逻辑，需要专门的处理逻辑工具加以说明。常用的工具有结构化语言、判断树和决策表。

6.8.1　结构化语言

结构化语言是指介于自然语言和程序设计语言之间的语言，由程序设计语言的框架(顺序、选择和循环结构)和自然语言的词汇(如动词和名词等)组成。结构化语言使用的语句有顺序句、判断句、循环句、复合语句。

例如：判定学生成绩等级

　　如果　　成绩大于等于90，小于等于100

则　　等级定为"优"

否则　如果　成绩大于等于 80

则　　等级定为"良"

否则　如果　成绩大于等于 70

则　　等级定为"中"

否则　如果　成绩大于等于 60

则　　等级定为"及格"

否则　等级定为"不及格"

6.8.2 判断树

判断树是用一种树形图的方式来表示多个条件、多个取值所应采取的动作，在判断树的左边是树根，它是决策序列的起点，右边是各个分支，即每一个条件的取值状态，最右侧(树梢的右侧)为应该采取的策略(即动作)。

例如，某翻译公司的英文笔译收费标准如下：若欲翻译的文档的字数在 2000 字(含 2000 字)以内，类型为一般读物的，每千字为 180 元，类型为专业读物的，每千字为 220 元；若欲翻译的文档的字数大于 2000 字且小于等于 8000 字，类型为一般读物的，每千字为 160 元，类型为专业读物的 ，每千字为 200 元；若欲翻译的文档的字数在 8000 字以上，不管是哪种类型的读物，每千字均为 150 元。判断树如图 6-9 所示。

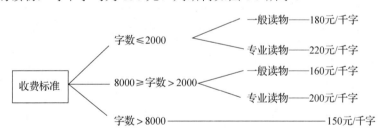

图 6-9　收费判断树

6.8.3 决策表

决策表是采用表格的方式表示处理逻辑的一种工具。它将所有的条件列在表中，通过条件的组合，表明应采取的策略。决策表适用于条件很多，而且每个条件的取值有若干个，相应的动作也有很多的情形。

决策表的编制方法如下。

(1) 列出所有的条件。

(2) 列出所有的条件组合，条件组合数最大为 2^N。

(3) 按全部条件组合列出其对应的行动方案。

(4) 整理方案。有些条件组合在实际中可能是矛盾的或者无意义的，需要将它们剔除。某些不同组合条件下的行动是相同的，需要将它们简化。

例如，某公司对不同交易额、不同信誉、不同交易时间的顾客采取不同的优惠政策。年交易额在 5 万元及以下的顾客折扣率为 0。年交易额在 5 万元以上的顾客，如果有欠款，折扣率为 3%；如果无欠款，且与公司有 20 年及以上交易的，折扣率为 10%，不足 20 年交易的折扣率为 5%。该折扣率决策表见表 6-3。

表 6-3 某公司折扣率决策表

		1	2	3	4	5	6	7	8
条件	交易额在 5 万元以上	Y	Y	Y	N	N	N	N	N
	最近 3 个月无欠款	Y	Y	N	N	Y	Y	N	N
	与公司交易 20 年以上	Y	N	Y	N	Y	N	Y	N
行动	折扣率 15%	√	√						
	折扣率 10%			√					
	折扣率 5%				√				
	无折扣					√	√	√	√

进一步简化处理，折扣率决策表见表 6-4。

表 6-4 某公司折扣率决策表(简化)

		1(1/2)	2	3	4(5/6/7/8)
条件	交易额在 5 万元以上	Y	Y	N	N
	最近 3 个月无欠款	Y	N	N	Y
	与公司交易 20 年以上		Y	N	Y
行动	折扣率 15%	√			
	折扣率 10%		√		
	折扣率 5%			√	
	无折扣				√

6.9 现行系统的分析研究

在现行系统调查的基础上，系统开发人员应对现行系统的业务流程、组织结构以及数据流程等调查结果进行详细、深入的分析，找出存在的问题，提出改进意见和建议。

现行系统的分析主要体现在以下几个方面。

1. 现行系统在整体功能上存在什么问题

现行系统涉及的实体和业务范围是否满足企业管理的要求？是否需要增加或者修改系统功能？子系统的划分是否合理？通过这些问题的分析，明确新系统的功能和整体结构、大致的范围和系统规模。

2. 业务流程中是否有缺少或多余的环节

通过对原系统业务的分析，理顺各业务间的关系，对于多余的环节要删减，对于缺少的环节应该补上，使新的业务流程科学、合理、流畅。

3. 数据流程中是否有不合理的数据流向、数据存储和冗余处理环节

修改不合理的数据流向和数据存储，消除冗余数据处理环节，使得数据流程清晰、流畅、简洁、高效。

4. 管理是否规范，制度是否健全

如果组织管理上比较随意，业务流程没有标准化、规范化，制度也不健全，新系统的开发很大概率会失败。系统开发之前，需要明确组织的管理与制度情况，并有计划、有步骤地进行梳理与规范。

5. 管理人员素质是否低下

如果管理人员缺少正规的培训，现代化意识淡薄，就会对新系统的开发被动应付甚至不予合作。针对这种情况，可以通过培训或者引进外部优秀人才提升管理人员的综合素质。

6. 领导对系统开发是否重视

领导对系统的开发持有怎样的态度？是否具有利用系统解决管理深层次问题的想法和动力，还是仅仅因为上级领导的压力而被迫开发系统？领导的态度直接决定系统开发资金投入的积极性和充足性，也影响着业务部门对系统开发的支持力度。领导对系统开发的重视与否和信息系统的表现有关，同时与 IT 主管是否能及时传递 IT 价值有很大关系。

7. 业务人员对系统开发是否支持

业务人员是系统的用户。系统需要提供的信息需求、性能需求和安全需求等功能性需求和非功能性需求都需要和业务人员进行沟通，业务人员对系统开发的支持是非常重要的。调查分析业务人员对系统的开发态度，找出他们所关注和担忧的问题，并采取积极有效的措施，为后期的系统开发和实施提供支持。

6.10 新系统目标

6.10.1 新系统目标的特点

系统开发人员在充分调查研究的基础上，根据现行系统的具体情况和存在的问题，并考虑用户多方面的意见和要求，经过与用户反复协商讨论后，提出新系统的具体目标。新系统目标是新系统建立后所要达到的运行指标，是可行性审核、系统设计和系统评价的重

要依据。因此，新系统目标的提出必须慎重、考虑必须周全。新系统目标的特点如下。

(1) 战略性。新系统的目标是系统开发的努力方向，它影响和指导着系统分析、设计实施和应用的全过程，在整个系统生命周期中都起着重要作用。

(2) 整体性。新系统的目标是系统全局性的目标，各个子系统的目标和功能必须符合整体目标的要求，各分目标共同配合发挥作用才能实现整体目标。

(3) 多重性。新系统的目标不是单一的，而是多方面的。一般情况下，系统目标是一组目标体系，这些目标既有联系也有差异，并有主次之分，因此应根据实际情况区别对待。

(4) 依附性。信息系统的目标不是凭空想象孤立确定的，它依附于现行系统的战略目标。根据现行系统的目标和功能，找出其薄弱环节，提出新系统的目标和功能。

(5) 长期性。信息系统目标的实现是一个长期的过程，要根据资源条件、开发力量等制约因素分期、分批实现。

(6) 适应性。信息系统的运行依赖于外部环境，当环境发生变化时，系统的功能和目标应随之改变。因此，新系统的目标应具有良好的适应性，以增强新系统对外部环境的适应能力。

根据以上特点，新系统的目标应该充分体现系统的战略方向和发展趋势，对系统分析、设计、实施、运行和维护均有直接的指导意义。此外，新系统的目标既要与现行系统的基本功能密切相关，又要高于现行系统，能解决现存的问题和薄弱环节，富有挑战性和号召性，能鼓舞人们为目标的实现而努力。

6.10.2　新系统目标的提出

信息系统的目标与用户的要求以及资源条件、现行管理系统、开发力量等因素有关。新系统的目标一般围绕以下几个方面提出。

(1) 管理方面。提高工作效率，减轻劳动强度；减少管理人员；减少日常费用开支，降低成本；信息充分共享，提高信息传递速度；提高预测和决策的速度与准确性。

(2) 功能性需求。功能性需求是最主要的需求。列举出所开发信息系统在功能上应做什么，然后逐步细化所有的系统功能，找出系统各元素之间的联系、接口特性和设计上的限制，分析它们是否满足功能要求，是否合理。

(3) 非功能性需求。功能性需求是人们普遍关注的，但常常忽视对非功能性需求的分析。其实非功能性需求并不是无关紧要的，任何一个系统的非功能性需求都要根据系统目标和工作环境来确定。非功能性需求包括以下几项内容。

① 性能需求。给出所开发信息系统的技术性能指标，包括存储容量限制、运行时间限制、传输速度要求、安全保密性等。

② 资源和环境需求。这是信息系统运行时对所处环境和资源的要求，主要包括硬件需求、软件需求、人员技术水平和制度要求。

③ 可靠性需求。根据系统的重要性，提出可靠性需求，以期在开发的过程中采取必要的措施，使信息系统能够高度可靠地稳定运行，避免因运行事故而带来损失。

④ 安全保密要求。工作在不同环境的信息系统对其安全、保密的要求显然是不同的。应当把这方面的需求恰当地做出规定，以便对所开发的信息系统给予特殊的设计，使其在运行中安全保密方面的性能得到必要的保证。

⑤ 用户界面需求。系统的用户界面是否友好，决定了用户是否能够方便、有效、愉快地使用该系统。因此，具有友好用户界面的系统有很强的竞争力。在进行需求分析时，必须细致地规定用户界面应达到的要求。

⑥ 成本消耗与开发进度需求。对系统开发的进度和各阶段的费用提出要求，作为开发管理的依据。

⑦ 预先估计的可扩展性需求。在开发过程中，可对系统将来可能的扩充与修改作准备。一旦需要时，就比较容易进行补充和修改。

6.11 新系统逻辑方案的确定

在完成现行系统的调查和分析后，对系统各方面的情况都有了较深入的了解，也弄清了存在的问题和缺陷，结合新系统目标，就可以明确新系统的基本任务和信息处理方式，即新系统的逻辑方案。从形式上看，新系统的逻辑方案与现行系统的逻辑方案没有太大差别，可能只是业务流程和数据流程在某些方面加以改进，或者是数据和存储的重新组织，但这些改变对新系统有着重要的意义。新系统的方案更能适应现代企业运行环境的特点，在数据处理、企业组织等方面做了合理的改变，从而可以从根本上提高系统运行效率。

新系统的逻辑方案包括以下几项内容。

(1) 新系统的业务流程，是业务流程分析和优化重组后的结果，包括原系统的业务流程的不足及其优化、新业务的业务流程、新业务流程中人机界面的划分。

(2) 新系统的数据流程，包括原数据流程的不合理之处及优化过程、新系统的数据流程、新的数据流程中的人机界面划分。

(3) 新系统的逻辑结构，即新系统中的子系统划分。

(4) 新系统中的数据资源分布，即确定数据资源如何分布在服务器或者主机中。

(5) 新系统中的管理模型，是确定在某一个具体管理业务中采用的管理模型和处理方法。例如，综合发展模型、生产计划管理模型、库存管理模型、财务成本管理模型、统计分析与预测模型。

6.12 编写并审议系统分析报告

6.12.1 编写系统分析报告

目标系统的逻辑设计完成后，信息系统的系统分析工作就基本结束了。为了全面总结系统分析阶段的成果，并为系统设计阶段提供依据，系统分析人员需要编写系统分析报告。

系统分析报告的主要内容如下。

1．组织情况概述

(1) 对组织的基本情况作概括性的描述，包括组织结构、组织目标、组织的工作过程、组织的性质和业务功能、业务流程。

(2) 系统与外部实体(如其他系统或机构)间有哪些物质和信息交换关系。

(3) 参考资料和专门术语说明。

2．现行系统运行状况

(1) 现行系统现状调查说明。通过现行系统的组织结构图、数据流程图等工具，说明现行系统的目标、规模、主要功能、数据存储和数据流、数据处理方式、现有的技术手段以及存在的薄弱环节。

(2) 系统需求说明。用户要求以及现行系统存在的主要问题、新系统的目标等。

3．新系统逻辑方案

新系统的逻辑方案是系统分析报告的主体，包括了本章的主要内容和分析结果。

4．系统设计与实施的初步计划

(1) 工作任务的分解。根据资源和其他条件确定各子系统开发的先后顺序，在此基础上分解工作任务，落实到具体组织或个人。

(2) 根据系统开发资源与时间进度估计，制订时间进度安排计划。

(3) 预算。对开发费用的进一步估计。

6.12.2 系统分析报告的审议

系统分析报告是系统设计的依据，也是整个系统的基本蓝图，如果其中存在重大问题，不能满足组织目标，整个系统开发应用就不可能成功。为了减少错误，避免返工现象，应该尽早发现其中可能的疏漏和问题。系统分析报告形成后，必须组织各方面的人员(包括组织的领导、技术人员、管理人员和系统分析人员等)共同对已经形成的逻辑方案进行审议。在分析报告的审议中，应对以下问题作出评价。

(1) 一致性，即系统分析报告中描述的所有系统需求与系统目标是否一致，是否有相互矛盾的地方。

(2) 完整性，即用户需求是否完整，系统分析报告是否包括了用户需要的每一个功能，性能是否能达到用户要求。

(3) 现实性，即指定的需求用现有的硬件、软件技术是否可以实现。

(4) 有效性，即系统分析报告提出的解决方案是否正确有效，是否能解决用户的问题。

对于存在的问题、疏漏要及时纠正。对有争议的问题，要重新核实原始调查资料，作进一步分析或调查研究；对于重大的问题，甚至可能需要调整或修改系统目标，重新进行系统分析。也有可能发现条件不具备、不成熟，导致项目终止或暂缓。

系统分析报告一旦被批准，则将成为新系统开发中的权威性文件，作为系统设计的主要依据，也是将来评价和验收系统的依据。审议系统分析报告时，应有局外专家参加，系统分析报告审计更具有客观性。

本 章 小 结

系统分析是承接战略规划和系统设计的桥梁，其关键在于理解并挖掘出用户需求，用科学的工具描述对系统的理解。系统分析需要遵循逻辑模型设计与物理模型设计分开的原则、面向用户的原则、结构化分析的原则。系统分析的步骤主要包括可行性分析、现行系统调查、系统分析与新系统目标的确定、新系统逻辑模型设计以及编写系统分析说明书。系统调查主要是组织结构调查、业务流程调查和数据流程调查等。业务流程图是描述系统内各个单位、人员之间业务关系、作业顺序和管理信息流向的图表。数据流程图是用几种简单的符号综合描述信息在系统中的流动、存储、加工和流出的具体情况。通过对原系统的现状进行系统化的分析，明确新系统的目标，确定新系统的逻辑方案，并编写和审议系统分析报告。

思 考 题

1. 系统分析阶段的主要任务是什么？
2. 组织结构调查包括哪些内容？
3. 请阐述数据流程图的内涵及组成要素。
4. 请阐述数据字典的内涵及作用。
5. 系统分析报告的目的是什么？包含哪些内容？

🎥 **微课资源**

扫一扫：请扫描书后防盗码，获取权限。

CIO 概述

自测题自由练习

第7章　管理信息系统的设计

7.1　系统设计概述

7.1.1　设计目标

系统设计是管理信息系统正式开发的第二个阶段，其任务主要是根据系统分析阶段提出的逻辑模型，建立系统的物理模型，即解决系统"怎么做"的问题。系统设计在完成目标系统功能的基础上，还要考虑如下设计目标。

1. 系统的可维护性

系统的可维护性是指系统能随着管理环境的变化进行修改和完善。系统的可维护性需要系统具有较好的开放性和结构可变性。

2. 系统的可靠性

系统的可靠性是指系统在运行过程中抵御各种干扰，保证系统正常工作的能力，如安全保密性、检错及纠错能力、抗病毒能力等。

3. 系统的工作质量

系统的工作质量是指系统能提供准确和实用的信息以及确保用户使用系统的方便性。设计时必须充分考虑不同用户的特点、能力和习惯偏好。

4. 系统运行效率

系统运行效率是指系统的处理速度，可以用处理能力、运行时间和响应时间来表示。处理能力是指单位时间内能够处理的事务。运行时间是指批处理状态下，系统运行一次所需要的时间。响应时间是指在联机处理状态下，向计算机发出一项请求，到计算机给出回答所用的时间。硬件的配置和程序算法都会影响系统运行效率。

5. 系统的经济性

系统的经济性是指系统的收益与支出之比。硬件投资上不能盲目追求技术上的先进，应尽量避免不必要的复杂化，减少费用。

以上的设计目标既相互联系又相互制约，甚至是相互矛盾的，需要在各个设计目标之间权衡利弊，保证各项指标的综合平衡。

7.1.2 设计内容

系统设计包括总体设计和详细设计，具体包括以下内容。

(1) 总体设计。总体设计包括系统结构设计和信息系统流程图设计等。

(2) 代码设计。代码设计即将系统处理的实体或者属性，设计成易于处理和识别的代码形式。

(3) 输出设计和输入设计。根据具体业务要求，确定适当的输入形式和输入内容，并确保系统输出满足用户需求的信息。

(4) 物理配置方案设计。根据系统的功能、数据存储、传输、处理等方面的要求，设计出实用而先进的物理系统。

(5) 编写系统设计报告。系统设计报告既是系统设计阶段的工作成果，又是系统实施的依据。汇总系统设计的成果，按照规定的格式编写系统设计报告，为系统实施提供依据。

7.2　系统结构设计

7.2.1　结构化设计思想

系统结构设计遵循结构化设计思想，即根据数据流程图和数据字典，以系统的逻辑功能和数据流关系为基础，借助于一套标准的设计准则和图表工具，通过"自上而下"和"自下而上"的多次反复，把系统分解为若干个大小适当、功能明确、具有一定的独立性且容易实现的模块，从而把复杂系统的设计转变为多个简单模块的设计。由于组成系统的模块基本独立，功能明确，因此当把一个模块增加到系统中或从系统中去掉时，只是使系统增加或减少了这一模块所具有的功能，而对其他模块没有影响或影响较少提升了系统的可维护性。某汽车配件公司的系统模块结构图如图 7-1 所示。

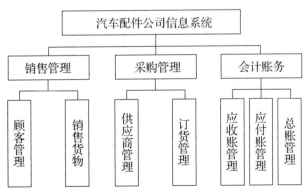

图 7-1　某汽车配件公司的系统模块结构图

7.2.2 结构化设计的基本概念

1. 模块

模块是组成系统的基本元素，任何一个处理功能都可以视为一个模块。模块可以理解为被调用的"子程序"，具有输入和输出、逻辑功能、运行程序和内部数据四种属性。输入和输出是模块与外部的信息交换。逻辑功能描述模块"做什么"，即如何把输入转换成输出。运行程序是模块的程序实体，即模块的程序代码，它描述了模块"怎么做"。内部数据是仅供该模块本身引用的数据。

2. 模块聚合

模块聚合，也称为模块内聚，反映模块内部各个组成部分之间联系的紧密程度。模块聚合的主要类型如下。

(1) 功能聚合。一个模块只完成一个单独的、能够确切定义的功能。它对确定的输入进行处理后，输出确定的结果。如计算机语言中的一个函数，这是一种理想的聚合方式，具有"黑盒"特征，独立性最强，复用性好，使得模块便于修改，便于分块设计。

(2) 顺序聚合。一个模块内部各个组成部分执行几个处理功能，且一个处理功能所产生的输出数据直接成为下一处理功能的输入数据。顺序聚合模块无论从数据角度还是从执行的先后次序来看，模块中某成分的执行完全依赖于另一成分，其聚合程度较高。

(3) 数据聚合，也称通信聚合。一个模块内各个组成部分的处理功能，都使用相同的输入数据或产生相同的输出数据，且其中各个处理功能是无序的。通信聚合能合理地定义模块功能，结构比较清晰，其聚合程度中等偏上。

(4) 过程聚合。一个模块内各个组成部分的处理功能各不相同，彼此也没有什么关系，但它们在顺序、分支或者循环支配下执行，聚合程度中等，可修改性不高。

(5) 时间聚合，也称暂时聚合。一个模块内各个组成部分的处理功能和时间有关，即在同一时间内执行，典型的有初始化模块和结束模块。在系统运行时，时间聚合模块的各个处理动作必须在特定的时间限制之内执行完，其聚合程度中等偏下，可修改性较差。

(6) 逻辑聚合。一个模块内各个组成部分的处理功能彼此无关，但处理逻辑相似。调用逻辑聚合模块时，需要根据调用模块传递的控制信号判断执行模块中的某一语句部分，模块的聚合程度较差。例如，模块内部有"输出平均成绩"和"输出成绩最大值"两个处理功能，执行哪个功能，需要根据调研模块来决定。

(7) 偶然聚合。一个模块由若干个并不相关的功能偶然地组合在一起。如为了缩短程序长度，将具有部分相同语句段的无关功能组合在一起，则会形成偶然聚合。这种模块内部组织结构的规律性最差，无法确定其功能，其聚合程度最低。

3. 模块耦合

耦合是表示模块之间联系的程度。紧密耦合表示模块之间联系非常强；松散耦合表示模块之间联系比较弱；非耦合则表示模块之间无任何联系，是完全独立的。模块耦合的主要类型如下。

(1) 内容耦合。当一个模块直接与另一个模块的内容发生联系，即各模块在执行过程中直接从该模块转移到另一个模块中去，这种耦合叫内容耦合。内容耦合的复杂性将随相关模块个数的增加而显著上升，模块间联系非常大，应避免使用。

(2) 公共耦合。当两个或多个模块引用同一个公用数据区，它们之间的耦合称为公共耦合。公共耦合模块间联系也比较大，应慎用公共耦合。

(3) 控制耦合。若两个模块之间除了传递数据信息之外，还传递控制信息，则模块间是控制耦合。控制耦合给理解和修改带来不便，在系统设计时应避免或尽量减少控制耦合。

(4) 数据耦合。两个模块之间只传递数据信息，这种耦合称为数据耦合。数据的耦合度最低，是理想的模块联结方式。但若模块间传递的数据量很大，同样会造成较高的耦合度，故设计时，模块间传递的参数应尽量少，从而降低模块间的联系。

7.2.3 结构化设计的原则

结构化设计应遵循以下原则。

1. 低耦合、高聚合原则

聚合度大使得模块的可理解性和维护性大大增强。模块耦合度越低，说明模块之间的联系越少，相互间的影响也就越小，产生连锁反应的概率就越低，在对一个模块进行修改和维护时，对其他模块的影响程度就越小，系统可修改性就越高。因此，在模块的分解中应尽量减少模块的耦合度，力求增加模块的聚合度。

2. 作用范围应在控制范围内

模块的作用范围是指受该模块内部的一个判定影响的所有模块的集合，只要某一模块中含有一些依赖于这个判定的操作，那么该模块就在这个判定的作用范围内。模块的控制范围包括该模块本身及所有的下属模块的集合。控制范围完全取决于系统的结构，与模块本身的功能无太大关系。系统设计中，所有受模块的一个判定影响的模块应从属于该模块，即对任何一个内部存在判定调用的模块，其作用范围是其控制范围的子集。受模块判定影响的模块，最好局限在模块本身或者其直属下级，否则会增大模块间的联系。

3. 合理的模块扇入和扇出数

模块的扇入数是指模块的直接上层模块的个数。模块的扇入数越大，表明它要被多个上级模块所调用，其公用性很强，说明模块分解得较好，在系统维护时能减少对同一功能的修改，因此要尽量提高模块的扇入数。模块的扇出数是指一个模块拥有的直接下层模块的个数。模块的直接下属模块越多，表明它要控制的模块越多，它的聚合度可能越低。所以模块的扇出系数不能太大。一般来说，一个模块的扇出系数应该控制在 6 以内。

4. 合适的模块大小

如果一个模块很大，那么它的内部组成部分必定比较复杂，或者它与其他模块之间的耦合度可能比较高，因此对于这样一个较大的模块应该采取分解的方法把它尽可能分解成若干个功能单一的较小的模块。一般来说，一个模块中所包含的语句条数为几十条较好，但也不能单凭语句条数的多少，而主要是按功能进行分解，直到无法做出明确的功能定义为止。在分解时既要考虑到模块的聚合度，又要考虑到模块之间的耦合度，在两者之间选择一个最佳方案。

5. 合适的系统的深度与宽度

模块结构图的层数称为系统的深度。同一个层次上模块总块数的最大值称为系统的宽度。深度和宽度反映了系统的大小和复杂程度。设计得较好的系统，宽度与深度的比例要适当。深度过大，说明系统分解得过慢、过细；宽度过大，可能会带来管理上的困难。

设计系统模块结构时，灵活应用以上原则，应具体问题具体分析。

7.3 代 码 设 计

7.3.1 代码的含义与作用

代码是代表系统中客观存在的事物名称、属性或状态的符号。可用数字、字母或它们的组合表示，如产品编码、学生性别。代码的作用主要有如下几项。

(1) 标识。一个代码只能唯一地标识某个确定的对象，便于计算机识别。

(2) 便于信息的传递和分类、合并、检索等处理，提高计算机处理信息的效率。

(3) 标明事物所处状态。

(4) 节省存储空间。

7.3.2 代码设计的原则

代码设计需遵循以下六项原则。

(1) 唯一性。每个代码只能代表唯一的实体或者属性。

(2) 标准化与通用性。国家已颁布了一系列国家标准编码和行业标准编码。代码设计时，应尽量采用相应的标准编码；需要企业自行编码的内容，也应该参照其他标准化分类和编码的形式来进行。

(3) 合理性。代码结构要合理，尽量反映编码对象的特征，并与事务分类体系相适应，以便代码具有分类的标识作用。

(4) 稳定性。代码的定义和描述要具有相对的稳定性，避免过多的改动，否则会给使用者带来不便。

(5) 可扩充性和灵活性。系统赖以生存的管理环境是发展变化的，代码的设计要预留足够的位置，以适应不断发展变化的需要。

(6) 简洁性。代码的长度会影响所占据的存储单元和信息处理速度，也会影响代码输入时出错的概率及输入、输出速度。因此，代码的长度应以短小为好。

7.3.3 代码的种类

代码一般包括顺序码、区间码、助记码和缩略码四种。

1. 顺序码

顺序码是一种将顺序自然数赋予编码对象的代码形式。顺序码的优点是短而简单，记录的定位方法简单，易于管理；缺点是没有逻辑基础，不易记忆。此外，新加的代码只能列在最后，删除则造成空码。

例如，学校各系代码：01 管理系；02 土木系；03 信息系……14 机电系。

人的性别代码：1 男；2 女。

2. 区间码

区间码是一种把数据项分成若干组，每一区间代表一个组，码中数字的值和位置都代表一定意义的代码形式。区间码的优点是信息处理比较可靠，排序、分类、检索等操作易于进行；缺点是码的长度与其分类属性相关，可能造成很长的码，维护困难。

例如，身份证代码：第 1、2 位表示所在省市；第 3、4 位表示所在地区；第 5、6 位表示所在县区；第 7~14 位表示出生年月日；第 15、16 位表示户口所归属的派出所；第 17 位表示性别(男为奇数，女为偶数)；第 18 位表示校验码。

区间码又分为层次码(上下关联码)、十进制码和特征码(多面码)。

(1) 层次码(上下关联码)。层次码是在码的结构中，为数据项的各个属性各规定一个位置并使其排列符合一定的层次关系。

例如，关于某公司的组织机构的代码含义见表 7-1。

表 7-1 层次码

公司级	科室级	小组级
1-总公司	1-销售科	1-订单处理组
2-武汉分公司	2-会计科	2-广告组
……	……	3-会计组

那么代码 112 代表总公司销售科广告组。

(2) 十进制码。例如，通用十进制分类法。

500. 自然科学

510. 数学

520. 天文学、地质学

530. 物理学、力学

…… ……

620 工程和技术科学

621 机械和电气工程

621.1 蒸汽动力工程

621.2 水力机械

(3) 特征码(多面码)。特征码(多面码)是在码的结构中，为多个属性各规定一个位置，从而表示某一编码对象不同方面的特征。

例如，某服装厂生产的服装编码见表 7-2。

表 7-2 特征码

类　别	尺　寸		料　子
M(男装)	38～41	1～9	W1(毛料)
			C1(布料)
F(女装)	38～41	1～9	W1(毛料)
			C1(布料)

根据表 7-2 的内容，某一男装的编码可表示为 M38-2W1。

3. 助记码

助记码是指用可以帮助记忆的字母或数字来表示编码对象的代码形式。

例如：

TV-B-12：表示 12 英寸的黑白电视机

TV-C-20：表示 20 英寸的彩色电视机

4. 缩略码

缩略码是指将人们习惯使用的缩写字母直接用于编码的代码形式。

例如：

kg 表示千克

Amt 表示总额

Cont 表示合同

7.3.4 代码的校验码

当人们抄写、录入代码时，发生错误的可能性很大，如抄写错(1234 写成 1235)、移位错(1234 记为 1243)、隔位移位错(1234 记为 1432)等。为提高代码输入的正确性，人们常常利用检验码方法对输入的代码进行校验，即通过事先规定的数学方法计算出校验位(长度一般为 1 位)，使它成为代码的 1 个组成部分，当带有校验位的代码输入计算机时，计算机也利用同样的计算方法计算源代码的校验位，并将其与输入的代码校验位进行比较，以检验源代码是否正确。校验码的生成过程如下。

(1) 对源代码中的每一位加权求和，如下所示。

n 位代码：$c_1, c_2, \cdots, c_n$

权因子：$p_1, p_2, \cdots, p_n$

加权和：$c_1p_1 + c_2p_2 + \cdots + c_np_n$，即

$$s = \sum_{i=1}^{n} c_i p_i$$

权因子可选自然数 1，2，3，4，5，…；几何级数 2，4，8，16，32，…；质数 3，5，7，11，13，…或其他。

(2) 以模除和得余数。模通常取 10 或者 11。

(3) 得到校验码。可以将模和余数之差作为校验码或者将余数直接作为校验码，附加在源代码后。以 11 为模时，若余数是 10，则按校验码为 0 处理。

例 1：源代码：1 2 3 4 5 6　　　权因子：1 7 3 1 7 3　　　模：10

将模与余数的差作为校验码：带校验位的代码为 1234569。

将余数直接作为校验码：带校验位的代码为 1234561。

例 2：源代码：1 2 3 4 5　　　权因子：32 16 8 4 2　　　模：11

将模与余数的差作为校验码：带校验位的代码为 123457。

将余数直接作为校验码：带校验位的代码为 1234564。

7.4　输　出　设　计

7.4.1　输出设计的内容

输出是系统产生的结果或者提供的信息，是系统开发的目的和评价系统开发成功的标准。输出设计的内容主要有以下几方面。

(1) 确定输出的使用信息。用户是信息输出的使用者，因此进行输出设计时，要确定用户是谁，用户使用信息的目的是什么，用户在信息输出速度、使用频率、有效期、保管方法、份数和安全性要求等方面有哪些具体要求。

(2) 确定输出的内容。根据用户对信息的使用要求，确定输出信息的内容，包括输出的项目、数据类型、位数、取值范围等。

(3) 选择输出设备与介质。输出设备种类繁多，常用的输出设备主要有影像系统、绘图仪、显示器、打印机和磁记录器件。输出介质包括胶卷、纸张(普通、专用)、磁盘、磁带等。不同的输出设备使用不同的介质。设计时应考虑设备和介质的特点，并结合用户的

要求及资金等情况进行选择。

(4) 确定输出的格式。输出的格式包括文本、图形、声音、图像等。输出格式要符合原系统统一的标准，采用用户可以接受的方式呈现。

7.4.2 输出设计的一般原则

输出设计的一般原则如下。

(1) 易用性原则。系统的输出应该便于阅读和理解、符合用户的习惯，界面应该简洁、清晰、美观。

(2) 及时性原则。系统的输出应该是及时的，随时可以生成用户需要的各种信息。开发人员在设计和实现输出时，必须考虑输出的及时性。

(3) 合规性原则。访问系统的用户是经过授权的。用户只能访问自己权限内的信息，未经授权的用户不能访问相应的信息。

(4) 有效性原则。输出设计时，必须与用户提前沟通信息的输出内容、格式，系统应该为用户提供及时、准确、全面的信息服务。

7.5 输 入 设 计

7.5.1 输入设计的内容

1. 确定输入数据的内容

输入是为输出提供加工处理的原始数据，输入数据的内容大部分根据输出的要求来确定。确定输入数据的内容包括确定输入数据项名称、数据类型、精度和数值的范围等。

2. 确定数据的输入方式和输入设备

数据的输入方式包括直接输入、自动化输入以及电子数据交换输入。

数据的输入设备有键盘、鼠标、读卡机、磁性墨水字符识别机、光电阅读器、条形码识别机、声音识别仪和图像扫描仪等。

直接输入使用键盘、鼠标等传统输入设备输入，自动化输入使用光符号、磁性墨水符号识别方法等输入。不同的输入设备具有不同的特点和不同的使用场合，需要进行科学选择。

3. 确定输入数据的记录格式

输入数据的记录格式包括输入记录表格、屏幕格式和 Web 表单的设计。记录格式是用户完成输入的交互界面，界面友好可以减少录入工作量，增加输入的准确性。

4. 输入数据的正确性校验

输入数据的正确与否直接影响着系统的输出结果，对数据进行必要的检验，可使错误及时得到改正，保证系统的正常运行。

7.5.2 输入设计的原则

输入设计的目标是在保证输入数据正确的前提下，做到输入方法简单、高效，因而输入设计应遵循以下原则。

(1) 简单性原则。输入设计应尽量易于填写和录入，例如，与用户常规的操作顺序一致，某些数据提供默认值。

(2) 最小量原则。输入的数据越少，发生错误的可能性越小，数据的一致性就越好。因此，控制输入量，同一项数据内容不要重复输入，尽可能利用计算得出，也可以通过数据之间的关联关系自动带出。例如，只输入物资编码，物资名称、型号规格、计量单位、计划单价等都可以自动显示。

(3) 及时性原则。减少输入延迟，可以采用批量输入、周转文件输入等方式。

(4) 早检验原则。尽量在接近原数据发生点对原始数据进行检查，纠正数据输入过程中的错误，提高数据输入的正确性。

(5) 有效性原则。输入界面具有引导用户输入数据的作用，因此"提示"内容必须直观、简洁、自然、易懂、没有歧义。

(6) 完整性原则。"帮助"可以提供简单、清晰的提示，也可以提供较为详细、完整的在线帮助，用户可随时单击按钮或功能键查看帮助信息。

(7) 标准化和舒适性原则。整个系统的输入界面要标准、规范；字符形状要搭配得当，大小和方位要协调，为用户提供一个良好、和谐的视觉感。

7.5.3 输入数据的校验

1. 数据出错的种类

数据出错的种类主要有以下三种。

(1) 数据内容错。原始单据填写错误或录入时出错。

(2) 数据多余或不足。原始单据的重复、遗失或遗漏。

(3) 数据的延误。输入数据时间上的延误导致处理延误，影响处理结果。

2. 数据的校验方法

数据的校验方法有很多，不同的方法有各自的特点和要求，应根据校验的目标进行选择，也可几种方法结合起来使用。

(1) 重复校验。不同的操作人员重复输入相同的数据,并比较其结果,找出不同之处予以纠正。

(2) 视觉校验。由计算机打印或者显示输入数据,然后与原始数据对比,找出差错。

(3) 分批汇总校验。按照某个分类标准,对输入数据进行分批,分别用手工和计算机计算每批的总值,对照校验。

(4) 控制总数校验。由人工对输入数据进行累计汇总,然后与由计算机累计汇总的数值进行比较。

(5) 类型校验。检验输入数据的类型是否与原数据一致。

(6) 格式校验。检验输入数据的位数、格式是否与原数据一致。

(7) 逻辑校验。检查输入数据是否符合业务上的逻辑要求。

(8) 界限校验。检验输入的数据是否在预先指定的范围内。

(9) 顺序校验。检查数据的顺序,检验是否有被遗漏的数据。

(10) 记录计数校验。检查输入数据的个数,确定有无遗漏或重复。

(11) 平衡校验。检验相关数据项之间是否平衡,如会计业务中借方与贷方的平衡。

(12) 代码校验。利用校验位检查数据的正确性。

7.6 信息系统流程图设计

7.6.1 信息系统流程图图示

系统模块结构图反映了模块之间的层次关系和数据传递关系,但是系统中许多业务或功能都是通过数据文件联系起来的,所以还需要用一定的图形符号反映各个处理功能与数据文件之间的关系,这就是信息系统流程图的设计。信息系统流程图常见符号如图 7-2 所示。

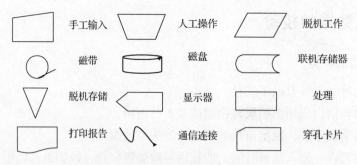

图 7-2 常用的信息系统流程图符号

7.6.2 信息系统流程图设计方法

信息系统流程图的绘制方法是:以数据流程图为基础,首先为数据流程图中的处理功能画出数据关系图(见图 7-3)，然后把各个处理功能的数据关系图综合起来，形成整个系统的数据关系图，即信息系统流程图。

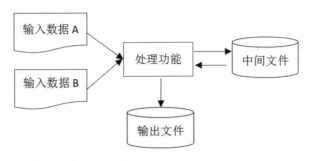

图 7-3　数据关系图

从数据流程图到信息系统流程图并非单纯的符号改换。信息系统流程图表示的是计算机的处理流程，而数据流程图还反映了人工操作的那一部分。绘制信息系统流程图的前提是已经确定了系统的边界、人机接口。此外，还要考虑哪些处理功能可以合并，或者可以进一步分解，然后把有关的处理看成是系统流程图中的一个处理功能。另外，某些文件不宜单独地长期占据数据库，且处于两个处理之间，起缓冲作用的，可以作为中间文件处理，如图 7-4 所示。

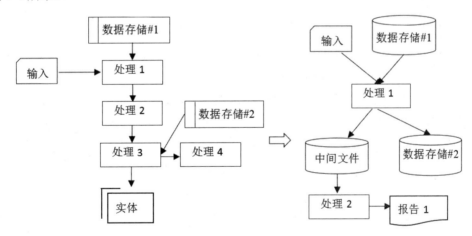

图 7-4　新系统的数据流程图转换为信息系统流程图

7.7　系统物理配置方案设计

7.7.1　物理配置的依据

物理配置的依据主要有以下六项。

(1) 系统吞吐量，即每秒钟执行的作业数。系统吞吐量越大，系统的处理能力就越强。系统吞吐量与系统硬件、软件的选择有直接的关系。一般来说，高性能的计算机和网络系统具有较大的吞吐量。

(2) 系统响应时间，即从用户向系统发出一个作业请求开始，经系统处理后给出应答结果的时间。运算速度较快的 CPU 及具有较高传输速率的通信线路，具有较短的响应时间。

(3) 系统可靠性，即系统可以连续工作的时间。例如，对于每天需要 24 小时连续工作的系统，可以采用双机双工结构方式。

(4) 集中式处理方式或分布式处理方式。如果一个系统采用集中式的处理方式，则信息系统既可以是主机系统，也可以是网络系统；若系统处理方式是分布式的，则应采用微机网络。

(5) 地域范围。对于分布式系统，要根据系统覆盖的范围决定采用广域网还是局域网。

(6) 数据管理方式。选择文件管理系统或者数据库管理系统进行数据管理。

7.7.2　系统总体布局方案的确定

系统总体布局方案是指系统的硬、软件资源以及数据资源在空间上的分布，主要分为集中式系统和分布式系统两大类。

1. 集中式系统

集中式系统集硬件、软件和数据资源于一体，进行集中管理，主要有以下几种类型。

(1) 单机系统。硬件、软件和数据资源集中在一台服务器上运行的系统。如果对系统性能要求比较低，可使用单机系统。

(2) 主机—终端系统。软件、数据资源都放在系统主机上，主机通过通信控制器与终端和各种外部设备相连，终端用户共享主机资源。所有的事务处理功能完全放在主机上进行，终端只是输入和显示信息，如银行 ATM、超市收款机大部分都是集中式系统。

由于集中式系统的资源集中，数据容易备份，系统的管理与维护方便，资源利用率高，费用较低，安全保密性好。但终端很多时，响应速度变慢，系统的维护会越来越困难，主机一旦出故障，将使整个系统受到影响。

2. 分布式系统

分布式系统是由一组为了完成共同的任务而协调工作的计算机节点组成的系统。本地的计算机系统既可以在网络系统的统一管理下工作，又可以脱离网络环境利用本地资源独立工作。

分布式系统在多台计算机上平衡计算负载，不但减轻了主机的压力，而且系统的性能、灵活性、可扩展性、处理速度、资源共享性较强。但系统的管理标准不宜统一，运维测试、查错较复杂，数据存在安全性问题。

7.7.3 计算机网络的选择

1. 网络拓扑结构

计算机等设备的网络交互需要以一定的结构方式进行连接,这种连接方式就叫作"拓扑结构"。拓扑结构主要有星形结构、环形结构、总线型结构、树形结构、网状结构等。

(1) 星形结构是采用集线器或交换机作为网络的中央节点,网络中的每一台计算机都通过网卡连接到中央节点,计算机之间通过中央节点进行信息交换。在局域网中,使用最多的是星形结构。星形结构保密性好,易于升级和扩容,业务适应性强,但成本高。

(2) 环形结构是指网络中的设备直接通过电缆来串接,形成一个闭环,整个网络发送的信息在这个环中传递。环形结构的实现非常简单,投资最小,传输速度较快,但维护困难。

(3) 总线型结构是指所有设备都直接与总线相连。总线型结构简单、造价低、易于网络扩展,可靠性较高,但总线传输距离有限,通信范围受到限制,数据容易碰撞,不具有实时功能。

(4) 树形结构是星形结构的发展和扩充,是一种倒置的树形的分级结构,具有根节点和各分支节点。用作根节点和各分支节点的是集线器或交换机。与星形结构有许多相似的优点,但比星形结构的扩展性更高。

(5) 网状结构是指各节点通过传输线互连,并且每一个节点至少与其他两个节点相连。网状结构具有较高的可靠性,但其结构复杂,实现起来费用较高,不易管理和维护。选择网状结构时,应该根据应用系统的地域分布、信息流量等因素进行综合考虑。

2. 网络操作系统

现在流行的网络操作系统有 NetWare、Windows NT、UNIX、Linux 等。NetWare 网络操作系统适用于文件服务器工作站模式,对网络硬件的要求较低。Windows NT 继承了 Windows 家族的统一界面,使用户学习和使用起来更加容易,几乎成为中小型企业局域网的标准操作系统。UNIX 的历史最早,是唯一能够适用于所有应用平台的网络操作系统。UNIX 一般用于大型的网站或大型的企、事业局域网中。Linux 最大的特点就是源代码开放,可以免费得到许多应用程序。

7.7.4 计算机硬件选择

计算机硬件的选择主要取决于数据处理方式和运行的软件系统。信息系统对计算机的基本要求是速度快、容量大、计算能力强、操作灵活方便。计算机的性能越高,价格就越昂贵。一般来说,如果系统的数据处理是集中式的,系统应用的主要目的是利用计算机的强大计算能力,则可以采用主机—终端系统,以大型机或中小型机作为主机。对于企业管理分布式的应用，则采用微机网络更为灵活、经济。

在计算机机型的选择上主要考虑应用软件对计算机处理能力的需求，包括计算机主存、CPU 时钟，输入、输出和通信通道数目，显示方式，外接转储设备及其类型。

7.7.5　计算机软件的选择

计算机软件包括在特定硬件平台上运行的系统软件和应用软件。

(1) 系统软件指管理计算机硬件资源、支持应用软件开发和运行的软件，如操作系统、语言处理软件、数据库管理系统等。

(2) 应用软件包括通用应用软件和专业应用软件。通用应用软件是适应社会各个领域应用需求的软件，如字处理、电子表、绘图、通信等；专业应用软件是指为某些单位和行业开发的应用，如人事管理信息系统、财务部门信息系统。

实际应用中，应选择先进的、具有较好兼容性和适应性的系统软件。应用软件的选择应考虑系统功能是否满足用户的需求，软件是否具有灵活性，软件厂商是否能提供后续的技术支持等因素。

7.7.6　数据库管理系统的选择

一个好的数据库管理系统对系统的应用具有举足轻重的影响。选择数据库管理系统时，主要考虑数据库的性能、数据库管理系统的系统平台、数据库管理系统的安全保密性能、数据的类型等。目前，软件市场上有许多数据库管理系统，如 Oracle、Sybase、SQL Server、DB2 等。Oracle、Sybase 是大型数据库管理系统，运行于客户机—服务器模式，是开发大型系统的首选。

7.8　系统设计规范的制定

系统开发涉及大量的系统程序与数据文件，为便于系统使用、操作和管理，需要站在系统的角度，全面考虑、制定设计规范。系统设计规范是整个系统的"公用标准"，具体地规定了文件名和程序名的统一格式、代码结构、统一的变量名等。

例如，程序名命名规范为 GAABBX。其中：

G 表示工资系统程序。

AA 表示文件类型，由两个英文字母组成。例如，ZU 表示主文件，BD 表示变动文件，KK 表示扣款文件等。

BB 表示文件处理类型，由两个英文字母组成。例如，JL 表示建立，GX 表示更新，XG 表示修改等。

X 用以区别同类型程序，由一位数字组成，可以省略。

例如，GZUJL 表示建立主文件程序，GKKGX1 表示更新第一扣款文件程序。

7.9 系统设计报告

系统设计阶段的最后一项工作是编写系统设计报告，系统设计报告既是系统设计阶段的主要成果，又是新系统的物理模型，也是系统实施的重要依据。系统设计报告由系统设计人员编写，其主要内容如下。

1. 引言

引言主要包括以下内容。

(1) 摘要，说明系统的名称、目标和功能以及系统开发的背景。

(2) 专门术语的定义。

(3) 参考和引用的资料。

2. 系统总体设计方案

系统总体设计方案包括以下内容。

(1) 系统总体结构设计：系统的模块结构图及其说明、信息系统流程图设计。

(2) 代码设计：编码对象的名称、代码的结构以及校验位的设计方法。

(3) 输出设计：输出项目的名称及使用单位、输出项目的具体格式(包括名称、类型、取值范围、精度要求等)、输出周期、输出设备。

(4) 输入设计：输入项目的名称及提供单位、输入项目的具体格式(包括名称、类型、取值范围、精度要求等)、输入频度、输入方式、输入数据的校验方法。

(5) 物理配置方案设计：系统总体布局、网络结构设计、物理系统配置清单等。

3. 其他需要说明的内容

除了对系统设计方案的具体内容进行详细说明外，还要注明编写系统设计报告人的姓名、撰写时间、审阅人等基本信息。

系统设计报告编写完成后，上交有关部门和领导审批，并将审批意见和参加人员附于设计报告之后。系统设计报告获得批准后，即可进入系统实施阶段。

本 章 小 结

系统设计是将系统分析阶段提出的、反映用户需求的系统逻辑方案转换成可以实施的系统物理方案。该阶段要从系统的总体目标出发，综合考虑经济、技术和环境等多方面的条件，在系统分析的基础上，按照逻辑模型的要求，科学、合理地进行总体设计和详细设计，为系统实施提供必要的技术依据。系统设计包括系统模块结构设计、代码设计、输出设计、输入设计、信息系统流程图设计、物理系统设计、编写系统设计报告。系统设计报告既是系统设计阶段的主要成果，也是即系统实施的重要依据。

思 考 题

1. 系统设计阶段的工作成果是什么？包含哪些内容？
2. 什么是模块？模块内聚的种类有哪些？
3. 代码的设计原则是什么？
4. 输入设计的原则是什么？

 微课资源

扫一扫：请扫描书后防盗码，获取权限。

模块的作用范围与控制范围　　自测题自由练习

第 8 章　管理信息系统的实施和运维

8.1　系统实施的概念和任务

8.1.1　系统实施的概念

系统实施是以系统分析和系统设计为基础，完成一个可以实际运行的信息系统，交付用户使用。系统实施阶段工作量大，投入的人力、物力多。项目负责人需要坚实的计算机科学知识、丰富的管理知识和经验，还要有较强的组织与协调能力，完成旧系统向新系统的转换。

8.1.2　系统实施的任务

一般来说，系统实施阶段的工作主要有以下几个方面。

(1) 物理系统的实施，即按总体设计方案购置和安装计算机网络系统，购买所需的计算机、网络设备以及系统软件，建立计算机机房，安装和调试设备。

(2) 软件开发，即利用所选的开发工具编制程序。程序编制工作量较大，设计人员编写时应耐心、细致。某些普通的功能可以购买成熟的软件包予以解决，以减少编程量。

(3) 系统测试和调试，即按照系统的目标和功能要求，对编制的程序进行测试和调试，发现系统可能存在的问题，并予以纠正。

(4) 系统转换。以新开发的系统替换旧的系统，包括系统开发文档资料的移交、数据的准备与录入、人员的培训、系统试运行等诸多内容。

(5) 系统维护，即对系统的运行实施日常管理、修改和完善。

(6) 系统评价，即根据系统目标和功能，对系统在一段时间内的运行状况做出全面的评价。

8.2　物理系统的实施

8.2.1　计算机系统的实施

为了获取信息系统所需要的组成部件，系统实施需要购买、租借或租用计算机硬件和其他资源，这就需要从种类繁多的计算机产品中选择最适合的品牌。选择时应当考虑以下几个方面。

(1) 能否满足系统的设计要求。

(2) 计算机系统是否具有合理的性价比。

(3) 系统是不是具有良好的可扩充性。

(4) 能否得到来自供应商的售后服务和技术支持等。

此外,计算机作为精密电子设备,对机房的温度、湿度等都有特殊的要求。机房要防火、防盗,并且要求无尘。硬件通过电缆线连接至电源。为了防止发生因突然停电造成的事故,应安装备用电源设备。

8.2.2 网络系统的实施

计算机网络是创建和测试数据库、编写和测试程序的基础。网络系统的实施主要是指通信设备的安装和网络性能的调试。本项工作由系统分析人员、系统设计人员、系统实施人员共同完成。系统分析人员的作用是确保构建的网络系统满足用户的需求;系统设计人员构建和测试信息系统网络,并且负责网络系统的安全;系统实施人员负责通信设备的安装和连接。

8.3 程 序 设 计

8.3.1 程序设计的标准

程序设计要遵循一定的标准。无论是大程序还是小程序,都要求在指定的前提下,进行预定的行为,达到指定的结果。除此以外,大程序更注重程序的可维护性、可靠性和可理解性,小程序主要强调程序的效率。

(1) 可维护性。程序能随着环境的变化、计算机软硬件的更新换代进行增加、修改或者升级。

(2) 可靠性。程序具有较好的容错能力,不仅在正常情况下能够正确工作,而且意外情况下也便于处理。

(3) 可理解性。程序不仅要逻辑正确,而且应当层次清楚,便于阅读。

(4) 效率高。程序能有效地利用资源,如节省存储空间、提高运行速度等。

8.3.2 程序设计的语言

1. 程序设计语言的发展历程

程序设计语言的发展大致经历了四代。

(1) 机器语言,是指机器能直接识别的程序语言或者指令代码,无需经过翻译,可以直接执行,操作码在计算机内部由相应的电路来完成。指令代码由操作码和操作数的绝对地址构成。不同的机器有着不同的机器语言，机器语言与其运行的特定机器相对应。机器语言是最低级的语言。

(2) 汇编语言，是面向机器的、低级程序设计语言。程序需要经过翻译，转换成机器能够识别的机器语言才能运行。在汇编语言中，用易于理解的助记符来表达机器指令的操作，用地址符号或者标号代替指令或操作数的地址。汇编语言对应着不同的机器语言指令集，通过汇编过程转换成语言指令，汇编语言和机器语言指令集是对应的。

(3) 高级语言，是一种用表达各种意义的"词"和"数学公式"，按照一定的语法规则编写程序的语言。高级语言是面向数据处理的过程化语言，不依赖特定的机器。软件具有一定的可移植性，容易学习、理解和使用，编码速度快，并且引入了控制结构语句、功能函数、宏替换等。软件生产的效率有了极大的提高，因此很多系统的开发都用高级语言进行程序设计，如 ALGOL 语言、C 语言等。

(4) 第四代语言(4GL)，是面向知识处理的非过程化语言，在程序说明中只需说明"做什么"即可，因此是直接面向应用的。4GL 包括查询语言、报表生成器、图形语言、应用生成器、形成规格说明语言，大大提高了软件生产效率，为缩短软件开发周期，提高软件质量发挥了巨大的作用。

2. 选择程序设计语言应考虑的因素

在信息系统的开发过程中，语言的选择应考虑以下因素。
(1) 信息系统所处理问题的性质。
(2) 计算机的软件、硬件和所选语言在机器上所能实现的功能。
(3) 系统的可维护性、可移植性等。

8.4　系统测试与调试

8.4.1　系统测试

1. 系统测试的目的

系统测试是系统分析、系统设计和系统实施的最后复查，是将已经确认的软件、硬件、网络等元素结合在一起，进行信息系统的各种组装测试和确认测试，其目的在于发现程序和系统中可能存在的错误。测试时应想方设法使程序的各个部分都投入运行，力图找出程序和系统中所有的错误。

2. 系统测试的步骤

系统测试的步骤如下所述。
1) 程序测试
程序测试包括代码测试和程序功能测试。代码测试主要测试程序在逻辑上是否正确。

程序功能测试主要测试程序能否满足功能和应用上的需求。常用的测试用例主要有以下三种类型。

(1) 用正常数据测试。用正常数据测试的目的是验证程序能否完成规定的各种功能。例如，打印出来的各种数据是否正确，打印出来的表格形式是否正确，打印出的数据的位置是否正确，人机界面是否适宜等。

(2) 用异常数据测试。当某些特殊情况出现时，程序往往会出错，要找出程序的特殊点，就需要用异常数据进行测试。例如，用空数据库文件、处于区间边缘的数据去测试程序，查看程序能否正常运行。

(3) 用错误数据测试。用错误数据测试程序的目的是监测程序对错误数据的处理能力，程序应能显示出错信息并允许再次输入。例如，存储介质空间不够、打印机未连接等，程序应有出错提示，并允许用户设法补救。

2) 模块测试

每个模块由一个或几个程序构成，在单个程序测试完成后，尚需独立地对单个模块进行测试，目的是保证内部控制关系正确和数据处理内容正确，同时应测试模块的运行效率。模块测试主要检测主程序和各子程序之间、子程序与子程序之间的数据传递情况，检测内存变量的属性，区分全局变量和局部变量，避免程序间变量的不良影响，检测整个模块输入和输出的正确性等。

3) 子系统测试

在模块测试的基础上，检测构成子系统的各个模块间的调用关系和数据共享关系。调用关系的检测重点是检查上级模块是否正确调用下级模块，下级模块是否能正确返回。数据共享关系的检测重点是测试相互间有数据传递和共享关系的模块，某个模块数据的改变，必须正确影响与之相关的各个模块和处理。

4) 整体测试

对装配完成后的系统进行整体测试，保证接口和整个系统的逻辑关系正确，使系统具有最佳的整体效率。

5) 特殊测试

特殊测试是根据系统需要而进行的测试，如峰值负载测试、容量测试、响应时间测试和恢复能力测试。

6) 实况测试

实况测试是以过去手工处理时得出正确结果的数据作为输入，然后将新系统输出结果与手工处理结果进行比较。除严格校对结果外，还要考察系统运行的合理性、效率和可靠性。

3. 系统测试方法

系统测试方法主要有以下几种。

1) 黑盒法

黑盒法是指仅检查程序是否符合功能需求，而不关心其内部结构和特性的测试方法。

一般情况下，黑盒法设计测试用例的方法如下。

(1) 等价分类法。将输入数据的可能值分成若干个合理和不合理的"等价类"，每一类用一个具有代表性的数据进行测试。例如，程序中需要输入某个数据，取值范围为 $1\sim99$ 合理"等价类"为大于等于 1 且小于等于 99 的数，两个不合理"等价类"为小于 1 的数，以及大于 99 的数。测试时，分别在三个"等价类"中取一个数作为测试用例即可。

(2) 边界值分析法。将等于、正好小于或者正好大于边界值的数据作为测试用例发现错误的可能性较大，测试效率较高。例如，数据的范围是 $1\sim5$，则可选 1、5、0、6 等数据作为测试用例。

(3) 因果图法。如果某个输出结果不仅仅取决于一个条件，而与若干个条件有关时，程序的测试比较复杂。将条件构成几个可能的组合，以检测各组合所产生的结果是否正确，这种测试方法称为因果图法。例如，对于一元二次方程 $AX^2+BX+C=0$ 的根的求解程序可以采用以下方法测试。画出判定表见表 8-1。

表 8-1 因果判定表

条件	A	0	0	$\neq0$	$\neq0$
	B	0	$\neq0$		
	C				
	B^2-4AC		$=0$	>0	<0
结果	无意义	√			
	单根		√		
	实根			√	
	复根				√

根据判定表，用 4 组测试用例去检测程序，则可检查出程序是否有错。

(4) 错误推测法。凭借经验或者直觉推测程序中可能存在的各种错误，从而有针对性地设计测试用例。例如，对于输入数据为"空"、输入的学生成绩超过 100 分或者取负值、查找数据库中不存在的记录等输入内容，程序往往出错。

2) 白盒法

白盒法又称为逻辑覆盖法，指的是测试人员将程序看成一个透明的盒子，了解程序的内部结构后，根据内部逻辑来设计测试用例的方法。白盒法常用的方法有以下五种。

(1) 语句覆盖。选择足够的测试用例，使程序中的每条语句至少能够被执行一次。

(2) 判断覆盖。选择足够的测试用例，使程序中的每个判断至少都能获得一次"真"值和"假"值，从而使得程序的每个分支至少都被执行。

(3) 条件覆盖。选择足够的测试用例，使得判断中的每个条件都获得各种可能的结果。

(4) 判断/条件覆盖。选择足够的测试用例，使得判断中的每个条件都取得各种可能的值，并使每个判断也取得"真"与"假"的结果。

(5) 条件组合覆盖。选择足够的测试用例，使得每个判断中的条件的各种可能组合都至少出现一次。

8.4.2 系统调试

1. 系统调试的目的

调试是在完成测试结果分析之后，对结果分析中发现的错误进行程序诊断并寻求改正的过程。调试过程由两个部分组成：①确定程序中错误的确切性质和位置；②对程序代码进行分析，确定问题的原因，并设法改正这个错误。

2. 系统调试的方法

调试工作主要由程序开发人员来进行。常用的调试方法有以下几种。

(1) 试探法。调试人员分析错误征兆，猜测故障的大致位置，然后检测程序中该位置的信息，由此获得对程序错误的准确定位。这种方法效率较低，适用于结构比较简单的程序。

(2) 回溯法。调试人员沿着程序的逻辑结构，往回追踪源程序代码，直到找出程序中有逻辑错误的位置。对于大规模程序，由于其需要回溯的路径太多而变得不可操作，因此这种方法适用于小型程序。

(3) 对分查找法。如果知道每个变量在程序内若干个关键点的正确值，则可以用赋值语句或输入语句在程序中点附近"注入"这些变量的正确值，然后检查程序的输出。如果输出结果是正确的，则故障在程序的前半部分；反之，故障在程序的后半部分。对于程序中有故障的那部分再重复使用这个方法，直到把故障范围缩小到容易诊断的程度为止。

(4) 归纳法。归纳法是一种以特殊推断一般的系统化思考方法，从线索(错误征兆)出发,通过分析这些线索之间的关系而找出故障。

(5) 演绎法。从一般原理或前提出发，设想及枚举出所有可能出错的原因作为假设，然后用测试数据逐个排除不可能正确的假设，验证余下的假设是出错的原因。

8.5 系统使用说明书

系统调试完毕，整个系统在移交给用户使用之前，需要写出详细的系统使用说明书。系统说明书可以作为今后系统维护的指导性文档,也是鉴定和验收系统不可少的技术资料，具体内容如下。

(1) 系统安装环境、方法和步骤。

(2) 系统特点、运行要求、注意事项等内容。

(3) 系统各模块的功能与操作说明。

(4) 主要数据库说明。

(5)　系统内部各模块及模块内各程序的调用与被调用关系，并指明所使用的数据库。

(6)　系统源程序清单。

8.6　系 统 转 换

系统转换是指由旧的手工处理系统向新的计算机信息系统过渡的过程。系统转换的任务就是保证新老系统进行平稳而可靠的交接，最后使整个系统正式交付使用。系统转换的方式主要有以下三种。

1．直接转换

直接转换是指在老系统停止运行的某一时刻，新系统立即开始运行的转换方式。直接转换简单、费用低，但风险很大，适用于小型的不太复杂的信息系统。直接转换应该具有谨慎的转换计划和预防性措施，安排充分的时间去修正可能出现的问题。

2．并行转换

并行转换是指新老系统并行工作一段时间后，新系统正式代替老系统的转换方式。并行转换可以保证业务工作的延续性，用户对新系统也有一个逐渐认识和接受的过程，是最安全、最保险的方式，但并行转换方式的系统开销量大、费用高。

3．分段转换

分段转换是指新系统全部正式运行之前，分阶段一部分一部分地替代老系统的转换方式。分段转换过程可靠且费用不高，但需要解决转换中的接口问题。分段转换方式比较适用于大型信息系统的转换。

8.7　系 统 维 护

系统维护是指为了应付系统的环境和其他因素的变化，保证系统正常工作而采取的一切活动，包括解决系统运行期间发生的一切问题和错误、改善系统功能两个方面。

8.7.1　系统维护的内容

1．机器设备的维护

机器设备保持良好的运行状态是系统正常工作的重要条件之一。应该有专门人员负责机器设备的保养和定期检修，并保证在机器出现故障后能及时修复，避免因硬件故障而造成对软件系统和数据的破坏。

2. 程序的维护

环境的变化、问题和错误的出现、完善功能要求的提出等都需要对程序进行维护。程序维护需要仔细核对源程序，找出故障原因，提出维护需求，填写维护申请表，经主管领导审批后才能进行。

3. 数据文件的维护

数据文件的维护包括数据维护、结构维护、数据文件的增设和删除等。

4. 代码的维护

环境的变化可能导致代码不适合新的要求，需要对代码进行维护，如使用新代码、代码位数的增加和删减等。代码维护应经过代码管理部门、业务经办人、计算机系统的有关人员讨论确定后，以书面形式记录新的代码系统的组成和产生原因，并予以执行。

8.7.2　系统维护的类型

系统维护主要有以下四种类型。

1. 改正性维护

改正性维护是指诊断和改正系统运行过程中出现的错误。修改工作要制订计划，提出要求，经领导审查批准后在严密的管理和控制下实施修改。

2. 适应性维护

适应性维护是指对计算机硬件系统、软件系统进行维护以适应系统外部环境的变化。例如，操作系统的升级。适应性维护要制订计划，安排进度，有步骤、分阶段地组织实施。

3. 完善性维护

完善性维护是指对原功能进行完善或者增加新功能，以满足用户的需求，还包括处理效率的提高、程序的精简等。

4. 预防性维护

预防性维护是指为改善系统的可维护性和可靠性，减少今后系统维护时所需要的工作量而对系统所作的修改。

8.8　系　统　评　价

系统运行一段时间后，就要对其作评价，检查是否达到预期目标、是否达到设计要求、各种资源是否得到充分利用、效益是否理想，指出系统长处与不足，提出改进与扩展意见。

系统评价主要包括以下内容。

1. 总体水平

(1) 信息系统的规模与先进性。例如,系统总体结构、规模、技术先进性等。

(2) 系统功能的范围与层次。

(3) 信息资源开发与利用的范围与深度。

(4) 系统的质量,如可使用性、正确性、可维护性。

(5) 系统的安全与保密性,文档的完备性。

2. 系统性能

(1) 人机交互的灵活性与方便性。

(2) 系统响应时间与信息处理速度。

(3) 输出信息的正确性与精确度。

(4) 单位时间故障次数,故障/工作时间比例。

(5) 系统调整、改进、扩展、集成的难易程度。

(6) 故障诊断、排除、恢复的难易程度。

3. 经济效益

1) 直接经济效益

① 系统投资额,包括软、硬件购置与安装费,应用系统开发或购置费。

② 运行费用,包括通信、耗材、管理、系统折旧、日常维护费。

③ 新增效益,包括成本降低、库存减少、资金周转加快、利润增加及人力减少。

④ 投资回收期,包括静态投资回收期和动态投资回收期两种。

2) 间接经济效益

① 推动组织结构、管理制度与模式变革。

② 提高企业知名度、客户信任、员工信心。

③ 使管理人员获得新知识、新技术、新方法,提高技能素质,拓宽思路。

④ 加强部门和管理人员之间的联系,加强协作精神,提高企业凝聚力。

⑤ 促进企业基础管理水平的提高。

本 章 小 结

系统实施是开发信息系统的最后一个阶段,将前一阶段的设计结果最终在计算机系统上实现,并交付用户使用。这一阶段的任务包括物理系统的实施、软件开发、系统测试和调试、系统转换、系统维护和系统评价。物理系统的实施包括计算机系统的实施和网络系统的实施,主要是根据系统目标做好设备选型。程序设计时以提高程序的可靠性、可维护性、可理解性和效率性为标准。系统转换有直接转换、并行转换和分段转换等方法,根据系统难易和企业实际情况灵活运用。系统日常运行期间要做好日常维护和评价工作。

思 考 题

1. 简述程序设计的标准。
2. 简述系统测试的步骤。
3. 简述黑盒测试方法。
4. 简述白盒测试方法。
5. 简述系统转换的方法。

 微课资源

扫一扫：请扫描书后防盗码，获取权限。

IT 在疫情中的应用　　　　自测题自由练习

第 9 章 管理信息系统的价值实现与核心 IT 能力

9.1 竞争优势理论

对于企业竞争优势的来源，经济学和管理学研究者们从不同的角度给出了各种不同的理论阐释，归纳起来主要有三类：一类是竞争优势外生论，一类是竞争优势内生论，最后一类是竞争优势系统论。

9.1.1 竞争优势外生论

竞争优势外生论起源于新古典经济学。新古典经济学认为企业竞争优势主要由企业外部的某些变量决定，如进入和退出障碍、政府的保护和限制、产品的差异化产生的相对垄断等。美国哈佛大学的梅森(E.S.Masson)和贝恩(J.S.Bain)在新古典经济学基础上，提出了现代产业组织理论的市场结构—市场行为—市场绩效(structure-conduct-performance，S-C-P)分析范式，并认为企业间的绩效差异是由企业之外的市场结构和市场行为决定的。以迈克尔·波特(Michael E.Porter)为代表的战略管理理论认为，企业的竞争优势主要来源于两种外部因素：一个是产业定位，另一个是在选定的产业内取得相对的竞争优势地位。企业成功是这两种因素的影响。随后，很多学者对企业竞争优势理论进行了实证研究，但大量的实证结果却没有表现出对竞争优势外生论的支持。至此，学者们才开始探讨企业内部因素与企业竞争优势的关系，这就是竞争优势内生论。

9.1.2 竞争优势内生论

竞争优势内生论的理论渊源可以追溯到马歇尔的企业内外部差异化分工，以及潘罗斯等人的企业内部成长论，但直到 20 世纪 80 年代沃纳菲尔特在美国的《战略管理杂志》上发表了《公司资源学说》一文，学者们围绕企业是什么、企业长期竞争优势从何而来等问题展开一系列的讨论，形成了许多学派。这些学派的观点都认为竞争优势来自企业内部，称之为"内生论"。

1. 资源基础观

资源基础观认为，企业的竞争优势源于企业所拥有的资源，但并不是所有资源都能给企业带来竞争优势，只有满足一定条件的资源才能给企业带来可持续的竞争优势，即必须满足"价值性""稀缺性""不完全模仿性"和"不完全替代性"四个特性的资源才是企业竞争优势的来源。资源基础观认为，资源的潜在价值受持续性因素的强化，从而使得企业的竞争优势可以持续。持久性因素见表9-1。

表9-1　持久性竞争优势的因素

持久性因素	解　释
因果不明	竞争者不能模仿另一家企业的资源和能力，因为不清楚资源和竞争优势之间的关联，拥有竞争优势的企业自身也不清楚其优势的来源
时间间隔	企业计划开始实施到竞争者做出实质性反应所经历的时间
路径依赖	企业早期做出的选择对目前的选择、决策和预期产生显著的影响
历史作用	独特的历史条件使得企业以较低成本获得或发展自身的资源

资源基础观指出，一个企业的竞争优势并非来源于其所处的外部环境，而是来源于企业内部所具有的区别于其他企业的异质性资源，克服了迈克尔·波特竞争模型的局限性。但是，资源观的出现并没有很好地解释在动态复杂的环境下，企业获得竞争优势的来源。如IBM、德州仪器等一些著名企业积累许多有价值的资源后，却没有获得可持续的竞争优势，而一些企业虽然缺乏有价值的资源，却在快速变化的市场中获得竞争优势。动态复杂环境下，可持续竞争优势的来源给资源基础观提出了新的挑战。

2. 能力观

能力观认为企业是一个能力系统或者能力的特殊集合，能力是企业竞争优势的来源。与资源基础观一致，能力观认为并不是所有的能力都对企业竞争优势产生影响，能力中具有价值性、稀缺性、不完全模仿性、不完全替代性等能力才是企业竞争优势的来源，这些能力被界定为核心能力。

能力观过于强调技术、资源和知识等客观因素的作用，对作为主观性的人的因素涉及较少。能力观假定管理者具备完备的认知能力，完全知晓资源与能力的组合与匹配，并进而假定他们能有效地对资源与能力进行动态管理。能力观也缺乏对外界环境的关注，缺乏改变现状的动力，建立在这种能力观上的竞争优势注定是有限和短暂的。核心能力自身的特性决定了企业能力具有强烈的惯性，产生了核心能力的刚性，在动态复杂环境下，能力观面临的一个难以解决的问题就是"核心刚性"问题。

3. 动态能力论

资源观和能力观在面临动态复杂环境时，都有自身解决不了的问题。1997年，提斯、皮萨罗和肖恩提出了动态能力理论，对能力理论做了进一步拓展。提斯等学者认为，动态能力是企业面对迅速变化的环境所整合、创建与重塑企业内外部能力的能力。动态能力强的企业能够使它们的资源和能力随时间变化而改变，并且能利用新的市场机会来创造竞争优势。动态能力理论秉承了熊彼特的创造性毁灭的思想，认为企业只有通过动态能力的不断创新，才能获得持续竞争优势。动态能力是改变能力的能力，是一种开拓性的能力。在动态复杂的环境中，能力持续不断地被培养、开发、运用、维护和扬弃，企业通过不断的创新而获得一连串短暂的竞争优势，从而在整体上体现出可持续竞争优势。

4. 知识观

知识观认为隐藏在企业资源和能力背后并对能力起决定作用的是企业掌握的知识，知识是企业竞争优势的来源。企业掌握的知识可以分为显性知识和隐性知识。显性知识包括个人的抽象性知识、共有的编码性知识。隐性知识包括个人的实践性知识和共有的根植性知识。所有企业掌握的知识都是这四类知识的组合体，只是在不同的企业中这四类知识的相对重要性不同。不同的企业具有不同的知识结构和数量，从而决定了企业具有异质性。由于显性知识具有易于表达、便于学习的特征，因而构成企业竞争优势来源的知识多属于隐性知识。

5. 制度观

制度是用于支配特定的行为模式和相互关系的一套规则。制度观认为制度是企业赖以存在的基础，是企业员工的行为规范，为企业有序化运行提供了体系框架和活力源泉，是企业竞争优势的来源。许多学者对制度成为企业竞争优势的来源给予了解释。例如，普伦蒂斯·霍尔(Prentice Hall)认为制度能成为企业竞争优势的来源是因为制度是难以获得的。奥利弗·威廉姆森(Oliver Williamson)认为制度是促进资源得以最佳使用的背景因素。珍妮·纳帕皮特(Janine Napapiet)和苏曼特拉·戈沙尔(Sumantra Ghoshal)认为制度是企业的社会资本和智力资本，是独特的和不可模仿的。可以看出，这些学者都不同程度地把制度作为企业的一种资源和能力，从而扩大了资源和能力的概念内涵。

6. 战略选择观

战略选择观认为在竞争环境下，企业资源的价值会随着新的资源、可替代品、新的生产组织方式的出现逐渐贬值，这要求企业不断进行创新。战略选择观和创新经济理论、企业家精神理论如出一辙。创新经济理论认为，企业在不停地寻找生产要素的新组成，并且竞争对手也在不停地努力改善其能力或者模仿竞争对手的能力，企业可以通过提高创新能力增强企业核心竞争力。

9.1.3 竞争优势系统观

竞争优势系统观认为，竞争优势外生论和内生论分别从企业外部市场的定位、企业内部等要素角度阐释了企业竞争优势的形成、维持和提升，但是其中任何一个理论均有不完善之处。竞争优势外生论只考虑外部市场环境的选择，而忽视了企业内部要素的作用；内生论则侧重于从企业内部某一方面去阐释企业竞争优势的来源。竞争优势系统观认为企业竞争优势应该是外生论和内生论的有机统一。例如，奥古斯丁·拉多(Augustine A.lado)等人将企业专有性的独特能力分为管理能力、资源基础能力、资源转换能力和绩效能力，实际上已经综合考虑了企业文化、声誉、企业家精神、管理者任职及行为特性、外界环境等要素，即内外部要素组成了企业竞争优势的来源。学者饶扬德认为没有组织要素作为支撑，定位只能是空中楼阁，可望而不可即。同样，没有对市场环境、竞争态势清晰的洞察，并进行科学合理的市场定位，组织要素会因迷失方向而无所适从。学者霍春辉认为一个完整系统的可持续竞争优势模型必须突破传统的"点状"或者"线状"，运用动态和系统的思想将企业内外的各种要素整合在一起，探索竞争优势的构建与提升。

9.1.4　竞争优势理论总结

竞争优势外生论和内生论从不同的侧面阐述了企业竞争优势的来源。实际上，它们之间不是相互对立的，而是相互补充的关系。企业竞争优势是企业内外要素相互作用、相互影响的最终结果。具体来说，资源是能力的支撑，没有资源，能力就会成为无源之水，无本之木。同样，没有能力，资源也不能发挥作用。制度在资源或者能力获取和维持竞争优势过程中起到了保障性的作用。能力的本质是知识，和知识无法分开。不言而喻，战略也是动态环境下企业获取竞争优势的关键要素。没有科学的战略，企业抓不到转瞬即逝的机会，企业的资源也不能实现高水平的配置，获取竞争优势更是无从谈起。综上，企业竞争优势的获取与环境、资源、能力、知识、制度、战略等要素是分不开的，正是这些要素相互补充、相互匹配，决定了企业竞争优势的获取与保持，这也是系统观强调的内容。

系统观不是一个与内生论、外生论对立的新理论。从现有的研究框架来看，资源、能力、知识、制度可以归为资源范畴，大多数情况下战略的制定是高层领导综合思考外部环境与内部资源的产物。从这种层面上可以认为系统论把企业竞争优势来源归于企业内部，只不过竞争优势不再来源于某些资源，而是来自企业资源的整合，来自企业资源相互作用、相互影响的系统结果。系统观的最大贡献是为企业竞争优势的来源提供了思路和方向，不再去寻找单个的关键资源，从资源的整合来寻求竞争优势。系统观有机整合了竞争优势的外生论和内生论，用蕴含系统思想的广义的资源观来解释获取竞争优势的来源。

企业竞争优势来源于企业资源的整合，这里面包括两层含义。首先，资源是竞争优势的基础，没有资源，竞争优势无从谈起。其次，如前所述，资源本身不能构成企业的竞争优势，因为在竞争环境下，企业要获得和拥有一定数量的相关资源并非难事，难的是如何有效激活和运用这些资源。因此，利用资源从事一定的任务或者活动，完成企业预期目标的各种能力成为企业获得竞争优势的关键要素。

综上，企业竞争优势的来源离不开资源和能力。鉴于资源是能力的基础，把能力定义为由各种资源组成的系统，不但可以理清资源和能力的关系，而且把企业竞争优势的来源归结为能力，既没有忽视资源的基础性作用，又突出了资源之间相互作用、相互影响的系统结果，可以说是系统观在竞争优势理论中的完美应用。但是应注意能力是一个集合概念，是从资源的角度去定义，不是从竞争优势的角度去定义，所以不能认为所有的能力都是企业竞争优势的来源，只有具有价值性、稀缺性、不可模仿性和不可流动性的能力，即核心能力才是企业竞争优势的来源。

9.2　IT 投资价值实现过程

9.2.1　经典的 IT 投资价值实现过程模型

IT 投资如何提升组织绩效，这不但是业界关心的重点，也是学者研究的热点。20 世纪90 年代，克里斯蒂娜·索(Christina Soh)等学者提出了一个比较有代表性的 IT 投资价值过程模型，如图 9-1 所示。

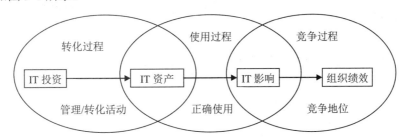

图 9-1　IT 投资价值实现过程

IT 投资价值实现过程模型认为，IT 投资到组织绩效的产生需要经过三个过程，即转化过程、使用过程和竞争过程。

1. 转化过程

转化过程是把 IT 投资转化为 IT 资产的过程。IT 资产包括 IT 应用系统、IT 基础设施和使用者技能。转化过程要依靠一系列的管理活动来完成，如识别 IT 机会、IT 愿景等。这些管理活动实施的水平决定了 IT 投资到 IT 资产转化效率的高低。

2. 使用过程

使用过程是 IT 资产经过使用产生 IT 影响的过程。IT 资产并不一定要对组织产生影响，除非它们被组织正确地使用。在一个既定的环境下正确地使用 IT 资产，是 IT 资产对组织产生影响的必需条件。例如，使用过程涉及的业务流程重组、组织角色和责任的重构等活动，对 IT 资产到 IT 影响的转化具有非常重要的影响。

3. 竞争过程

竞争过程是 IT 影响生成组织绩效的过程。与另外两个过程一样，IT 影响是否能提升组织绩效依赖于许多因素，这些因素是在组织控制的范围之外，如合作者、竞争者的行为及宏观经济的状态等。因此，在组织环境有利的情况下，IT 影响才有可能对组织绩效产生影响，否则 IT 投资就会成为企业竞争优势的必要条件。IT 投资价值实现涉及的活动见表 9-2。

表 9-2　IT 投资价值实现过程的活动

	转化过程	使用过程
活动	鉴别 IT 机会，形成 IT 愿景和战略，建立商业案例，企业流程重新设计，组织管理，IT 投资计划排序，识别和管理 IT 风险，项目管理	项目后评价，业务流程变革的实施，IT 投资价值管理，股东满意度评价，IT 投资评价，业务流程重组评价，系统培训，组织角色和责任的构建

经典的 IT 投资价值实现过程模型有许多优点。

(1) 揭示了 IT 投资作用于组织绩效的"黑箱"，有助于强调 IT 投资价值转化的不确定本性。IT 投资到组织绩效的产生不是必然的结果，需要附加很多条件，例如一系列正确的管理活动、正确的使用条件以及有利的竞争环境等。组织绩效如果不明显，也不一定预示着 IT 投资活动的失败，也可能是 IT 投资产生的组织绩效已经被竞争抵消。因此，每个组织都需要对 IT 投资价值有正确的认识。

(2) 明确阐述了组织要从 IT 投资中获得绩效不能单单依靠 IT 成员。当 IT 投资没有达到理想的收益时，排除不利的竞争环境外，不能简单地把它归因于 IT 职能部门的责任，组织高层、业务部门与 IT 职能部门的协作至关重要。此模型强调以系统的观点来看待 IT 投资，并认清各利益相关者在此过程的作用。

但是此模型是直线形的，历经转化过程、使用过程和竞争过程，IT 投资活动结束。很明显，这是一个不完整的有明显缺陷的过程。

9.2.2　改进的 IT 价值实现过程模型

为了更好地理解 IT 投资价值实现过程，可对经典模型进行修正，如图 9-2 所示。

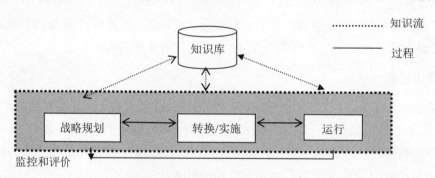

图 9-2　改进的 IT 投资价值实现过程

改进的 IT 价值实现过程模型对经典模型进行了两点改进。

1. 过程上的修正

(1) 增加"战略规划过程"，整合"竞争过程"和"使用过程"成为"应用过程"。从经典的 IT 投资价值过程模型上看，首变量是 IT 投资，尾变量是组织绩效，这容易使人误解 IT 投资一定会产生组织绩效，实际上 IT 投资只是组织绩效产生的必要条件，而非充分条件。　IT 投资价值实现的第一个阶段就是进行 IT 战略规划。结合表 9-2 中的活动看，活动中有 IT 愿景和 IT 战略，说明 IT 在企业中的战略地位和战略价值已经被肯定，但是模型中并没有体现出这个过程，况且规划与组织实施处在同一个转换过程中，过程划分不明显，也不符合常理。基于以上两点考虑，有必要将转换过程分开，这样既强调了 IT 战略规划，也使过程更清晰。同样，考虑到 IT 资产的"使用过程"和 IT 影响的"竞争过程"没有时间上的先后顺序，是同一时间发生的，所以把这两个过程整合成"应用过程"。这样 IT 投资价值实现过程仍然分成三个阶段，但是过程依次为战略规划过程、转化过程、应用过程。

(2) 各个阶段加入监控和评价过程。监控和评价过程使 IT 投资价值实现成为一个闭环，反映了 IT 投资价值实现不是一次性的，要经过反复的企业实践才能完成，如果缺少了监控和评价环节，就不能反映 IT 投资价值实现过程的真实情况，也缺乏实际意义。

在经典模型的"转化过程"和"使用过程"中也提到评价，但是这种评价充其量是总结性的评价，是各个阶段的"终结"，而不是用于各个阶段的改进提高，所以经典的 IT 价值实现过程是直线式的。实际上 IT 资产使用一段时间后可能会随着外界环境或者内部环境的改变而需要重新规划，进行新一轮的价值实现过程。

(3) 增加了知识库。企业决定引进一项复杂的技术，不但软件和系统框架是新的，软件所支持的企业实践也是新的，要求潜在的用户不但学习如何应用新的技术，同时也要学习如何在一起工作，即 IT 投资价值的实现是一个企业学习的过程。知识库反映了 IT 投资价值实现是一个企业应用 IT 解决实际问题的学习过程。例如，企业将 IT 支持业务流程重组的经验转化为组织的内部知识。知识库和各阶段过程以双向箭头连接，表明每个过程可以产生新知识存入知识库，也可以运用知识库中的知识辅助该过程有效地完成。知识库并不一定指技术上存在的实体知识库，也包括个人和共有的隐性知识。

由于知识的积累和更新是个人和组织学习的结果，所以要成为学习型组织，才能使知识不断积累和提升，IT 投资才能发挥最大的价值。具体来说，在整个 IT 投资生命周期中，战略规划过程、转化过程、应用过程都要进行系统的学习。在战略规划阶段，要学习 IT 对于企业战略的影响是什么，给企业提供哪些战略机会，如何满足企业的战略需求，企业战略和 IT 战略如何达成整合，如何利用其他竞争者的先进经验等。转化过程中，要学习组织会发生哪些变革，如何获得应用软件、基础设施，如何管理系统的变更等内容。应用过程中，用户要适应新的系统和新的工作方式，也必须进行学习，学习如何才能更好地为业务提供不间断的服务等。巴巴拉·莱维特(Barbara Levitt)和詹姆斯·马奇(James G.March)把规划到实现过程中的学习称为"干中学"，而将应用过程中的学习称为"用中学"。

2. 对活动的修正

修正后的活动见表 9-3。

(1) 战略规划过程促进了企业战略与 IT 战略整合活动。企业战略和 IT 战略的整合是

IT 投资价值实现的一个关键环节。从 IT 投资价值实现过程看，由于组织战略与 IT 战略整合是在 IT 战略规划过程中实现的，所以把经典模型中的 IT 愿景、IT 战略等活动提取出来作为战略规划过程的活动内容，突出 IT 机会、IT 投资与企业需求之间的关系。

表 9-3　修正后的 IT 投资价值实现过程的活动

战略规划过程	转化过程	应用过程
识别 IT 机会，企业战略与 IT 战略整合，IT 投资建议排序，商业案例，识别 IT 投资项目风险，跟踪评价	IT 项目风险管理，组织结构变革管理，详细的商业案例，系统评估，组织文化变革、项目管理、投资、质量管理	交付与支持，成本的识别和分摊，项目后回顾，责任和义务分配，IT 投资管理，股东满意度管理，IT 投资价值评价，系统培训

(2) 转化过程促进了组织文化变革。经典的 IT 投资价值实现过程模型忽略了影响 IT 投资价值实现的软要素——组织文化。IT 在组织内的应用，与其说是技术变革，不如说是管理变革。组织业务流程的改变、组织结构的调整都需要进行组织文化的调整，否则 IT 投资很难获取成功。

(3) 应用过程促进了系统支持活动。经典模型没有反映出系统实施后的交付与支持等活动。例如，服务水平协议的制定、对系统的维护和升级等活动，这些活动不但可以为系统应用提供良好的环境，而且规范了系统的应用流程。

综上所述，IT 投资要实现价值，就不能停留于低端的效率和效益应用。IT 要与企业战略、业务紧密结合，实现企业战略和 IT 战略匹配，就需要企业管理人员和业务人员都参与到 IT 投资价值实现过程中，每位人员都要有明确的责任和义务，并且这些责任和义务不能冲突。IT 投资价值实现过程是动态的，随着环境、客户需求的变化而变化，不但复杂，而且风险也较大，必须有比较规范的流程与先进的管理经验对 IT 投资进行引导。

9.3　核心 IT 能力

随着 IT 在企业内的应用深度和广度的加强，企业的 IT 投资也日益增长。但"IT 生产率悖论"的出现表明大量的 IT 投资并没有给企业带来明显的经济效益。实际上，IT 投资本身不能为企业提供任何竞争优势，决定企业从 IT 投资中获得竞争优势的是具有企业异质性的核心 IT 能力，即核心 IT 能力是企业从 IT 投资中获得竞争优势的来源。

9.3.1　IT 资源的内涵与分类

1. IT 资源的内涵

IT 资源是企业可以控制的或者可以利用的、与 IT 投资价值实现有关的有形或者无形要素，可以从以下两方面进行理解。

传统意义上的 IT 资源包括 IT 软硬件和 IT 部门员工。广义的 IT 资源泛指影响 IT 投资价值实现的有形和无形资产。IT 投资价值的实现不仅仅与传统意义上的 IT 资源密切相关，还要依赖企业的其他有形或者无形资源，如企业文化、业务流程等。企业必须把传统 IT 资源和其他资源有机整合起来共同实现 IT 价值，即 IT 软硬件、IT 员工和其他资源有互补的特性，互补性资源也纳入 IT 资源的范畴。

随着 IT 的发展，企业的边界已经泛化，企业战略联盟、虚拟企业等都成为企业的重要运作方式。企业的 IT 资源成为企业不可或缺的一部分，为企业战略的制定或者实施提供更多的选择，所以把 IT 资源的范畴扩大到企业可以利用的 IT 资源，而没有限定于必须是企业所控制的 IT 资源。

2. IT 资源的分类

根据 IT 资源的定义，把 IT 资源划分为 IT 基础设施、IT 应用系统、IT 人力资源、互补性组织资源。

(1) IT 基础设施是 IT 组件和 IT 服务的集合。IT 组件包括计算机、打印机、共享的技术平台、数据库软件包、操作系统和扫描仪等。IT 组件是商品化的产品，在市场上很容易获得。IT 服务包括应用系统管理、通信管理、数据管理、IT 培训和教育管理、IT 研发、IT 管理、安全管理、体系结构和标准管理、渠道管理等服务。

(2) IT 应用系统是处于 IT 基础设施之上，为企业业务和管理活动提供支持服务的信息系统。竞争环境的变化、IT 软硬件技术的变化都会导致 IT 应用系统的变化，所以企业都很关注 IT 应用系统的柔性。IT 应用系统的柔性可以通过接口标准化和应用功能的模块化来完成。

(3) IT 人力资源，这不单单指 IT 部门的员工，而是指影响 IT 投资价值实现的 IT 人力资源，具体包括高层领导、IT 专业人员、业务人员等。

① IT 投资是"一把手"工程，高层领导的关注和参与程度直接影响着 IT 投资的成败。高层领导除了在重大项目上要亲自决策外，投资的预算、人员的配置、IT 部门与业务部门之间的沟通和协调等都需要高层领导者的推进。

② IT 专业人员包括程序员、技术专家、系统分析员、支持终端用户的咨询人员、计算机操作员和数据录入人员。随着信息化的进展，IT 部门从"面向任务"转变到"面向角色"，对业务需求能够了解并能够对终端用户进行支持的 IT 专业人员将越来越重要。因此，IT 专业人员除需要具备最新的技术技能之外，还需要具备技术管理方面的知识和技能、业务运行方面的知识和技能、人际沟通和管理的能力、领导能力等。

③ 业务人员主要包括业务部门经理、IT 关系经理和系统使用人员。各相关业务部门经理通常作为企业信息化管理委员会的成员，负责研究、参与企业整体 IT 发展规划和战略，确保 IT 与业务需求一致，并能够辅助确定 IT 投资的优先级别。IT 关系经理作为业务部门参与 IT 活动的代表，承担着定期向业务部门经理汇报本领域的 IT 进展情况和需求，同时推广 IT 应用系统在本部门的应用等职责。系统使用人员是 IT 应用系统的服务对象，对 IT

人员挖掘业务信息需求、应用系统的功能确定及其价值的发挥有着重要作用。

(4) 互补性组织资源。与 IT 相关的互补性组织资源很多，如产品质量、品牌、客户关系、业务流程、文化和知识等。此处仅对文化和知识进行介绍。

① 企业文化由于具有路径依赖性、不可模仿性和复杂性等特性，一直以来被认为是企业的战略资源。IT 应用系统蕴含着先进的管理理念，本身具有文化性，即 IT 文化。IT 文化如果和企业原有的文化不匹配，两种文化势必会发生冲突，系统开发往往会半途夭折，或者开发出来的系统，无法很好地适应环境，实施效果不会达到预期。

② 知识作为从长期实践中发展而来的经验和技能，嵌入在组织内多种实体中，如组织文化、惯例、策略等，具有社会复杂性和不容易被竞争者模仿、同时又能克服自身的刚性等特性，是企业可持续竞争优势的来源。IT 资源和知识的互补性体现在知识创造、知识存储、知识转移和知识运用等知识管理过程中，更体现在 IT 投资过程中，是 IT 投资价值实现的"催化剂"。

9.3.2　IT 能力的内涵与分类

1. IT 能力的内涵

IT 能力是指由 IT 资源组成的系统利用 IT 资源从事一定的任务或者活动，从而完成企业的预期目标。这个定义强调以下几点。

(1) IT 资源是 IT 能力之源。

(2) IT 能力强调系统和 IT 资源处于不同的分析层次。

(3) IT 能力的目的不是获得竞争优势，而是完成企业一定的预期目标。

2. IT 能力的分类

IT 能力是一个能力集合，按照不同的分类标准，IT 能力可以进行如下分类。

(1) 按照信息系统的生命周期分类，IT 能力可以分为 IT 规划能力、IT 实施能力和 IT 运行能力。如前所述，IT 规划能力是指在对企业战略、组织、流程、数据信息、应用系统及信息技术等进行系统化思考的基础上，制定出信息系统战略方向和目标、约束条件、信息系统体系结构的能力。IT 实施能力是指按照战略规划和实施规划交付和集成系统的能力，包括信息系统分析、设计和编程等能力。IT 运行能力是指信息系统运行期间对系统的维护和评价能力，包括信息系统的维护、数据管理、问题管理、安全管理等能力。

(2) 按照能力的复杂性分类，IT 能力可分为简单能力和复杂能力。简单能力是指通过学习就能得到的能力，如程序的编写、信息系统的操作、培训等，一般指 IT 技术技能。复杂能力是指不容易学习，或者具有企业异质性的能力，如战略规划能力等。

(3) 按照能力的目的分类，IT 能力可以分为战略协同能力、价值交付能力、风险管理能力、资源管理能力、绩效评估能力。战略协同能力的目的是关注企业战略与 IT 战略的一致性、企业流程与 IT 过程的一致性，如 IT 战略规划能力、信息架构能力。价值交付能力的目的是以最优化成本提供 IT 服务，如质量管理能力、投资管理能力等。风险管理能力的目的是识别与控制 IT 风险，包括识别 IT 风险来源、制定风险控制措施等。资源管理能力的目的主要是优化配置资源，提升 IT 资源使用价值，如 IT 供应商管理能力、IT 人力资源管理能力、数据管理能力等。绩效评估能力的目的是利用一定的标准跟踪和监督战略实施的整个生命周期，如系统性能管理能力、系统连续性管理能力等。

(4) 按照能力的方向分类，IT 能力可以分成自内向外的能力、自外向内的能力、跨越能力。自内向外的能力包括系统开发和管理项目、与供应商合作、升级信息系统、管理外部联系；自外向内的能力包括信息处理、技术更新、新技术实验等；跨越能力分为 IS 规划能力、企业部门与 IT 部门协同能力。

9.3.3 核心 IT 能力的内涵与本质

1. 核心 IT 能力的内涵

核心 IT 能力概念的提出源于竞争优势理论在 IT 领域的应用。实践证明，IT 投资本身不能为企业提供任何竞争优势，能使企业从 IT 投资中获得优势来源的是具有一定约束条件的核心 IT 能力，即满足价值性、稀缺性、不可模仿性和不可流动性等约束条件的 IT 能力。

从 IT 投资价值的实现过程可以看出，IT 投资是一个高复杂性和高难度的系统工程，涉及企业战略、投资决策、企业文化、风险管理、变化管理、技术问题等各个方面。IT 投资价值不是由某个 IT 能力所能实现的，如企业具有强大的 IT 开发能力，但是却做了失败的 IT 战略规划，IT 投资价值就无法实现。同样，无论 IT 与企业业务流程结合得多么紧密，如果没有文化作保证，最后的实施结果也将大打折扣。IT 投资价值的实现是各种 IT 能力相互影响、相互作用，实现 1+1>2 的系统结果。因此，核心 IT 能力是由 IT 能力构成的系统。这些 IT 能力不是离散的能力集合，也不是能力的简单堆砌，而是有机结合在一起的。有些能力是关键的，有些能力起着辅助支撑作用，但是没有这种支撑，前者也无法有效发挥作用，系统中任何一个因素的缺少都会影响竞争优势的获得。从资源层面上来看，核心 IT 能力是企业 IT 资源的整合能力，即通过资源之间的互补、互惠、协同等机制实现资源的优化配置，从而确保企业从 IT 投资中获得竞争优势。

2. 核心 IT 能力的本质

尽管学者对能力的概念还没有达成统一的认识，但普遍认为能力的本质是知识。企业通过组织学习和知识管理，积累和创新知识，使能力得到提升。核心 IT 能力本质上也是整合的、系统化的知识，是通过很长一段时间积累起来的、具有企业异质性的知识，正是具有这种异质性，核心 IT 能力才不容易被竞争对手模仿，可以为企业获得可持续竞争优势。

知识有两种形态：显性知识和隐性知识，二者之间发生着四种知识转换：显性知识之间的转换、隐性知识之间的转换、显性知识向隐性知识的转换、隐性知识向显性知识的转换。IT 投资价值实现过程中，也存在这四种转换，如图 9-3 所示。

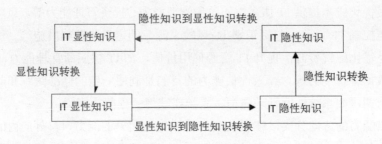

图 9-3　IT 知识的转换

显性知识之间的转换是将分布在企业各个层次的、有关 IT 的显性知识整合到一起，创造出新的显性知识，促进企业形成更加完善的 IT 显性知识体系。隐含知识之间的转换是将分布在企业员工个人头脑中的 IT 思维和经验整合起来，通过员工之间隐性知识的转移和共享，以及隐性知识之间的相互作用，创造出更加完善的 IT 隐性知识。显性知识向隐性知识的转换是将企业中存在的各种 IT 显性知识与员工个人的 IT 隐性知识有机整合，使得显性知识能够以经验、诀窍共享或者思维模式的形式转化为员工个人的隐性知识。隐性知识向显性知识的转换是将员工头脑中的 IT 经验和诀窍总结出来，利用正式的、系统化的方式对它们进行组织或者表述，使得分散的隐性知识能有机整合为 IT 显性知识。

知识形态上的转换，使企业核心 IT 能力具有动态特性，在动态环境下能为企业带来持续竞争优势，使 IT 价值得到进一步实现。

结合核心 IT 能力的系统性，可以看出核心 IT 能力本质上是知识系统。

9.4　核心 IT 能力的结构分析

核心 IT 能力是蕴含在 IT 价值实现过程中的整合 IT 资源的能力，因此必须从 IT 投资价值实现过程来识别核心 IT 能力。

从 IT 投资价值实现过程可以看出，IT 投资到企业绩效的产生过程是业务、技术、组织、信息和人文的统一过程。此处对核心 IT 能力的结构进行如下三点分析。

(1) IT 投资通过 IT 应用系统这种形式对企业绩效产生影响，那么企业确定什么样的 IT 应用系统是至关重要的，即 IT 战略的正确定位。如果 IT 战略定位失误，IT 投资价值不可能实现，因此这是企业从 IT 投资中获得价值的第一层保证(战略层面)。

(2) IT 战略定位要涉及 IT 应用系统的实施。IT 应用系统的实施不是独立于业务流程，而是和业务流程整合紧密联系在一起的，其本身也要对现有的遗留系统之间、遗留系统和新系统之间进行整合，这是企业从 IT 投资中获得价值的第二层保证(实施层面)。

(3) 面向职能的组织结构适应于独立分散的业务流程和 IT 应用系统，而实施层的整合要求组织结构进行相应整合，使之与实施层相匹配。同样，企业文化也要能支持业务流程、IT 应用系统、组织结构的整合，与三者共同服务于 IT 战略。否则，业务流程和 IT 应用系统整合很难真正转变，所以组织结构整合和文化整合是 IT 投资价值实现的第三层保证。

综上，企业核心 IT 能力可以分为战略层、实施层和保障层三个层次。战略层上的 IT 能力，目的是确保企业战略与 IT 战略整合，称之为战略整合能力。实施层上的 IT 能力，目的是进行业务流程整合、IT 软硬件的整合，称之为业务流程整合能力和信息系统整合能力。保障层上的 IT 能力，目的是进行组织结构整合、文化整合，称之为组织结构整合能力和文化整合能力。这三个层次的五个 IT 能力相互作用、相互影响，构成了企业核心 IT 能力系统，为企业带来可持续竞争优势，如图 9-4 所示。

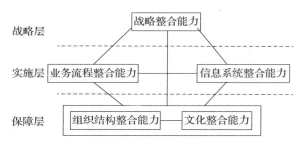

图 9-4　企业核心 IT 能力的结构

9.5　核心 IT 能力特性

资源观认为满足价值性、稀缺性、不可模仿性和不可流动性的关键资源是企业竞争优势的来源。企业核心 IT 能力作为企业竞争优势的源泉，也是因为企业核心 IT 能力具有这四个特性。

1. 价值性

企业核心 IT 能力是由战略整合能力、业务流程整合能力、信息系统整合能力、组织结构整合能力、文化整合能力的有机整合所形成的。核心 IT 能力的价值性，在企业层次上体现为对企业战略的支持，也能积极利用 IT 给企业提供的机会；在业务层次上体现为业务流程的持续优化，如降低库存、加快产品和服务交付速度、减少资源周转周期是信息系统创造价值最明显的表现。流程的好坏决定了企业绩效的高低。在企业环境变得越加复杂的情况下，企业已经进入超竞争环境的状态，通过企业高层和信息主管对企业经营面临的各种环境进行分析判断、进行战略谋划和实施，能给企业带来可持续性竞争优势。

2. 稀缺性

核心理论观点认为，如果企业具有的某种能力是其他企业同样具有并且企业不能靠这种能力明显优于竞争对手，那么该能力实质上是行业的普及性能力，而不是企业的核心能力。企业核心 IT 能力本质上是知识系统，是企业的稀缺性能力。因为核心能力是经过长时间的实践，从错误和失败中总结出来的经验和"惯例"，是企业通过"干中学"的方式获得的。历史的积累在核心 IT 能力成长过程中有着重要的作用，即企业核心 IT 能力具有较强的路径依赖性，不可能从要素市场中获得，所以具有稀缺性。虽然核心 IT 能力中的某些资源要素可以从市场上得到，但是单个资源要素并不是核心 IT 能力，核心 IT 能力是一个系统，是在组织独特的内部环境中长期建立起来的。

3. 不可模仿性

核心 IT 能力的成长不仅涉及技术因素、企业的组织结构、企业文化，更是受到企业家的战略远见、业务与 IT 人员的协作关系等无形特征的影响，将这些资源集成在一起以建立适合企业战略环境的过程是复杂的，使得核心 IT 能力具有因果模糊性。即使是企业认清了企业核心 IT 能力的形成原因，也是不容易模仿的。例如，企业家的战略远见是缄默的，不可模仿的，业务与 IT 人员的协作关系是建立在长期的信任基础上的，这些社会关系在长期的接触和相互影响中建立并且进展缓慢，因此短期内难以复制。企业文化由于具有社会的复杂性、缄默性和路径依赖等特性，其他企业更难于模仿。

4. 不可流动性

企业的许多资源可以在市场上通过交易获得，形成核心 IT 能力的技术资源也可以在商品市场上直接买卖，但是企业核心 IT 能力是 IT 资源的有机整合，具有路径依赖性、环境依赖性。企业核心 IT 能力也不是由个人所拥有的，是企业各个层次群体智慧的产物，不会随着个人的流失而失去，具有不可流动性。即使是通过企业的外购或者兼并，核心 IT 能力也不能简单地获得。

9.6　IT 投资管理模型

IT 投资管理模型主要有效益促生模型、集成流程框架模型、利益实现途径模型等。

1. 效益促生模型

效益促生模型是由丹·雷米意(Dan Remeyi)和舍伍德·史宾斯(Sherwood Smith)于 1997年提出来的。效益促生模型强调以下三点。

(1) 在 IT 投资过程中，业务主管、财务人员、IT 人员要根据用户的需求、项目的目标等来制定商业规划、财务规划和项目规划。如果上述要素发生改变，利益相关者要在成本、功能、时间和技术等方面进行协商与妥协，达成一致意见，建立新的商业规划。

(2) 在项目进行的过程中，持续关注并监控商业目标的实现，是一种动态的价值管理。

(3) IT 投资价值实现不是 IT 人员自己的事情，需要 IT 和业务紧密结合，需要各个利益相关者的积极参与。

2. 集成流程框架模型

集成流程框架模型是谢勒·乔杜里(Sherer Chowdhury)在 2001 年提出的。乔杜里把战略规划、质量功能部署、活动分析和责任分配这四个活动集成到 IT 投资管理流程中，形成 IT 投资管理的集成流程框架模型。集成流程框架模型主要强调以下四点。

(1) IT 投资价值实现过程应该是系统的、正规的，需要一个有效的规划和执行过程。

(2) 根据规划对系统的质量以及相应的功能进行构建。

(3) 组织要进行一系列的变革活动，推进 IT 投资价值实现。

(4) IT 投资收益中，项目启动人和执行者均应承担相应的权利和责任。

3. 利益实现途径模型

利益实现途径模型是由 DMR 咨询集团提出的，主要是解决如何选择正确的商业投资和技术投资的问题，并将这些投资转化为可见的结果。利益实现途径模型主要强调以下四点。

(1) IT 投资价值的实现，不仅是技术的作用，更要有管理的参与；除了 IT 部门，还要与业务部门之间相互配合。

(2) 在项目选择过程中，要考虑到企业的整体利益，实现企业整体最优化。

(3) 在整个价值实现过程中，对整个周期进行持续性、参与式的管理。企业的信息系统项目管理要实现从独立的 IT 项目管理到经营计划管理的转变、从项目的自由竞争管理到受约束的组合管理的转变、从传统项目周期管理到全生命周期管理的转变。

(4) 利益实现途径强调参与者的责任心、组织变革以及绩效评价的重要性。

从以上三个投资价值管理模型可以看出：企业看重由 IT 投资带来的效率价值逐步向商业价值转化，强调了利益相关者的责任与权利。IT 投资价值实现是企业层面的事情，需要高层领导者、业务部门和 IT 部门之间的通力合作。IT 投资价值实现过程也是一个参与式的、不断评价的过程。

<h1 align="center">本 章 小 结</h1>

IT 投资是一个高复杂性和高难度的系统工程，涉及企业战略、投资决策、企业文化、风险管理、变化管理、技术问题等各个方面，企业竞争优势的实现不是某个单方面的 IT 能力所能实现的，而是各种 IT 能力相互影响、相互作用的结果。核心 IT 能力是企业从 IT 投资中获得可持续竞争优势的来源。核心 IT 能力就是企业 IT 资源的整合能力，其本质上是一个知识系统。核心 IT 能力可划分为战略层、实施层和保障层，是由战略整合能力、业务流程整合能力、信息系统整合能力、组织结构整合能力和文化整合能力相互作用、相互影响构成的系统。

<h1 align="center">思 考 题</h1>

1. 解释竞争优势的外生论、内生论和系统论。

2. 什么是 IT 资源和 IT 能力？

3. 什么是核心 IT 能力？其本质与特征是什么？

4. 核心 IT 能力包括哪些能力，能力之间的关系是什么？

5. IT 投资价值管理有哪些模型？可以从中得到什么样的启示？

微课资源

扫一扫：请扫描书后防盗码，获取权限。

核心 IT 能力　　　　　自测题自由练习

第 10 章 核心 IT 能力结构要素分析

10.1 战略整合能力

10.1.1 战略整合能力的整合目标

企业战略规划是指根据企业外部环境和内部资源状况，为求得企业的生存和发展，不断获得新的竞争优势，对企业战略方向和目标、企业约束和政策、企业计划和指标进行总体谋划的过程。IT 战略规划和企业战略规划属于同一规划体系。战略整合能力的整合目标就是通过企业战略规划和 IT 战略规划制定过程，实现企业战略与 IT 战略的相互匹配、相互协同。

10.1.2 战略整合能力的整合内容

战略整合能力的整合内容具体包括战略与环境的整合、企业战略与 IT 战略的整合。战略与环境的整合也叫外部整合，企业战略与 IT 战略的整合也叫内部整合。

1. 战略与环境的整合

企业不可能脱离环境独立生存，战略的制定不能脱离企业所处的环境。无论对于企业战略还是 IT 战略来说，环境都是制定战略的一个重要参数。环境包括外部环境和内部环境。

外部环境包括社会因素、所属行业、竞争者、合作伙伴、客户以及 IT/IS 发展趋势等。通过对外部环境的分析，企业可以获取如下信息。

(1) IT 产业未来的发展趋势是什么？会给企业带来哪些机会或者威胁？

(2) 国家与政府对 IT 技术的应用政策如何？

(3) 竞争对手的发展现状及未来的发展目标如何？有哪些可以利用的经验或者要避免哪些失败？对于本企业的战略会有怎样的反应？

(4) 合作伙伴和顾客会发生哪些变化？给企业带来怎样的影响？合作伙伴对于企业的战略会有怎样的反应？

(5) 行业会有哪些新进入者？会有哪些新的替代品产生？

内部环境包括企业现有的资源及能力、目前的战略、当前业绩等。通过内部分析，企业要了解自己具备的能力长处和弱点，还应该明白这些对于企业竞争的影响，也要分析 IT 应用系统、IT 基础设施的现状，这些分析结果可作为制定 IT 战略规划的基础。

战略与环境的整合是指制定战略过程中，分析外部环境给企业带来的机遇和风险，分析企业内部的优势和劣势，战略制定既要抓住机遇、避免威胁，同时又要立足企业的现实条件，从而达到战略与环境的有效匹配。

2. 企业战略与 IT 战略的整合

企业战略与 IT 战略的整合包括如下两方面的内容。

(1) IT 战略必须支持企业战略。对企业战略的支持是 IT 战略价值的体现。进行 IT 战略规划时，要充分考虑 IT 的使用对于企业战略起到怎样的作用，考虑企业现有的管理模式和组织形式与所选的 IT 是否符合。例如，对于实施差异化服务战略的企业来说，IT 战略就需要思考如何贯彻"以人为中心"的服务理念，开发哪些信息系统为客户提供个性化的服务，而不是一味关注如何降低服务成本。

(2) 企业战略受 IT 战略影响。IT 战略不是被动地支持企业战略，而是要创新性地、战略性地应用 IT，将 IT 的优势转化为业务运营中的优势，为企业创造新的战略机会，引导企业战略的制定。例如，实体企业走向电商企业、传统企业向平台型企业的转型、基于大数据的个性化营销等无不体现了 IT 战略对企业战略的影响。

10.2　业务流程整合能力

10.2.1　业务流程整合能力的整合目标

在传统分工理论的影响下，为了追求企业内部效率的最大化，企业按照职能进行了专业化分工，这与当时稳定的市场环境是相适应的。但在动态的竞争环境下，由于专业化的分工不利于部门间的协调，企业在快速多变的市场环境中总是处于被动境地，因此必须将这些分散的、由不同部门的工作人员完成的同一项工作集成起来，减少单项任务的实现步骤，以达到改善企业绩效的目的。

业务流程整合就是强调打破原有的职能界限和任务划分，尽可能将跨越不同职能部门、由不同专业人员完成的工作环节集成起来，合并成单一任务，由单人或者特定的团队来完成的过程。业务流程整合的提法有很多，如业务流程重组、流程改善、流程创新、非持续性变革等。业务流程整合能力的整合目标就是通过业务流程整合提升业务流程的运行效率、减少运行成本、提高产品质量和客户满意度。

10.2.2　业务流程整合能力和整合方式

按照流程管理思想，整合方式可以分为规范流程、优化流程和重组流程三种。在业务流程整合之前，要重新审视企业的业务流程，通过描述现有的业务流程，确立标杆企业和绩效标准，根据流程评价的结果，确定流程的整合深度，决定对流程进行规范、优化还是重组。

(1) 规范流程。对那些绩效较好、基本上可以符合卓越流程要求的流程进行规范。规范流程所花费的时间少，风险也最小。

(2) 优化流程。对那些主体上没有多大问题的流程，就要去除冗余的环节、减少时间和成本的消耗，优化流程。这种方式花费的时间相对较长，风险也比较小。

(3) 重组流程。对那些给企业带来沉重负担，与先进的卓越流程相差太远的流程要进行重组。这种方式需要的时间更长，风险更大，企业需要下很大的决心才可进行流程重组。

10.2.3 业务流程整合能力的整合内容

整合内容包括思想整合、技术整合、活动整合和人员整合。

1. 思想整合

企业具体条件千差万别，流程整合的时机和条件都决定着流程的成功与否，所以流程重组不适合所有的企业，也不适合所有的流程。企业应该从提高客户满意度和整体运作效率出发，根据实际情况选择流程的整合方式，有的可能宜于激烈变革，有的可能宜于渐变改良。所以在进行业务流程整合时，首先是思想的整合，在正确的思想指导下，才能有个正确的开始。

2. 技术整合

流程整合需要许多关键技术作为支撑。根据凯丁格等人的研究和调查，共有 71 种技术可以运用流程整合过程。特别是 IT 已经成为流程整合的根本手段。实践证明，如果没有 IT，业务流程往往回到原来的状态。支持流程整合的典型的 IT 有：局域网络、面向对象的系统、成像技术、电子数据交换、经理信息系统、专家系统、服务器—客户机结构、工作组技术以及决策支持系统等，可根据流程整合的要求选择相应的技术。

3. 活动整合

企业生产经营活动的各个层次、各种业务活动的具体内容和侧重点都有所不同，通过活动间的互补、竞争和协同作用使得分散在企业各个层面的活动整合起来，从而提升企业活动的整体效能。活动整合可以通过活动的删除、简化、集中、自动化、新增等方式来进行。

4. 人员整合

业务活动是由人、团队或者组织等主体来完成的，这些主体不但能够利用分配的资源，独立完成某种任务，也能够根据特定目标调整自己的行为完成任务，使业务流程具有柔性和适应性。人员整合包括人员能力整合和人员责权利整合两个部分。人员能力整合主要是充分考虑人员的性格、知识、能力，根据流程整合要求考虑组建哪些团队，团队成员如何构成才能发挥团队的整体作用。责权利整合主要是指人员之间的责权利相匹配、相协调，对不符合流程要求的成员要进行积极培训。

10.2.4　业务流程整合能力的整合范围

在决策支持技术、专家系统、通信网络技术、人工智能等信息技术支撑下，企业业务流程整合逐渐由局部整合向全局整合转变，由内部流程整合向外部流程整合转变。具体来说，整合范围包括部门内整合、部门间整合、企业内整合、企业间整合。

1. 部门内整合

部门内整合是指在某个部门内进行流程的整合，以达到部门内流程绩效最优。在专业化分工的影响下，导致各职能管理机构重叠、中间层过多，而计算机在职能部门的应用，取代了中间层，实现了部门内的流程整合，如财务管理系统、客户管理系统的应用等都是部门内流程整合最好的体现。另外，由于计算机技术将员工从手工劳动中解放出来，原来多个员工的工作可以由单个员工来完成，或者串行工作可以变成并行，提升了工作效率。

2. 部门间整合

部门间整合是指部门与部门之间进行流程的整合，使部门间业务流程的绩效达到最优。信息技术将分散的部门连接在一起，实现了部门间工作的协同。例如，传统医院的门诊，需要排队挂号、排队划价和排队缴费，患者就诊效率极其低下，而现在医院的看诊流程和挂号流程的整合、化验流程和收费流程的整合，使患者省去了排队缴费的流程环节，看诊效率大幅提升。

3. 企业内整合

企业内整合是指对企业范围内的业务流程进行整合，业务流程无缝衔接，达到企业整体最优而不是单个环节或者作业任务的最优，实现业务一体化。例如，北京第一机床厂以开发某一新产品为目标，组织集设计、工艺、生产、供应、检验为一体的承包组，打破部门的界限，实行企业内的流程整合。

4. 企业间整合

企业与企业之间的竞争已经变成供应链与供应链之间的竞争。供应链上的企业考虑价值创造过程中的每个环节的分工合作及其利益关系问题，通过有效整合和优化跨企业的业务流程，实现最佳的协同效应。例如，通用汽车公司和配件供应商的业务流程整合。配件供应商通过通用汽车公司的数据库了解其生产进度，拟定自己的生产计划、采购计划和发货计划，同时通过计算机将发货信息传给通用汽车公司。通用汽车公司的收货员在扫描条形码确认收到货物的同时，通过 EDI 自动向供应商付款。这样，通用汽车公司与其零部件供应商的运转就像一个公司，实现了对整个供应链的有效管理，缩短了生产周期、销售周期和订货周期，减少了非生产性成本，简化了工作流程。

10.3 信息系统整合能力

10.3.1 信息系统整合能力的整合目标

企业信息资源开发利用既是企业信息化建设的出发点，也是企业信息化建设的归宿，实现信息资源开发利用的最优化是信息系统建设的重要目标。由于企业信息化缺乏长远的规划，以及信息系统开发和信息技术的升级换代等，出现了大量异构系统，导致了信息在部门内或者部门之间不能交换和共享，企业的沟通成本升高，而且由于数据的一致性无法保证，数据失真，决策支持也成为空话。

信息系统整合就是指根据总体信息系统的目标和要求，对分散的现有信息子系统或者多种硬件产品和技术进行结合、协调或者重建，形成一个和谐的整体信息系统的过程。

信息系统整合能力的整合目标就是通过信息系统整合，为企业提供全面的信息支持，为企业各层次的管理决策服务。

10.3.2 信息系统整合能力的整合内容

信息系统整合能力的整合内容包括界面整合、业务逻辑整合、功能整合、数据整合、工具整合、软件整合和硬件整合。

1. 界面整合

界面整合主要是各个 IT 应用子系统在体现各自功能需求的情况下，尽量保持友好、简洁、一致的风格，以减轻用户的学习负担。整合的界面不仅替代了一系列基于终端的界面，同时可以向用户提供附加的功能和功能流程。图形用户界面已经成为当前系统用户界面的标准。Web/Browser 的功能日益强大，展现了其在未来用户界面整合中的重要地位。

2. 业务逻辑整合

业务逻辑整合就是将各个应用系统有机整合成全面支持业务流程的应用系统，满足企业一体化业务运作需求。

3. 功能整合

信息系统的功能整合包括横向整合和纵向整合。横向整合主要是为实现业务一体化，对不同部门间的信息系统进行的功能整合。纵向整合主要是为支持不同管理层次人员的信息沟通，对不同层次的信息系统进行的功能整合。通过信息系统功能的横向和纵向整合，企业内部的信息系统能够无缝衔接，实现信息集中统一管理，使信息成为提高竞争力、促进其发展的动力。

4. 数据整合

数据整合是系统整合的核心内容。随着企业信息化的发展，企业为满足业务发展，建立起了纷繁复杂的、异构的多个信息系统，从而导致企业内部存在大量的信息孤岛。数据整合能将整个企业的全部数据存储虚拟成单一的逻辑数据库与数据库模型，为企业构建良好的数据环境。

5. 工具整合

工具的整合主要为用户提供相应的开发工具或者手段，一般包括数据录入、文档管理、电子数据表、数据库开发工具及环境、图形处理等标准化软件。工具的选择首先必须满足应用系统需求，还需要考虑其价格、性能、易用性、对各类标准的支持程度、运行平台、通信协议以及用户的熟悉程度等因素。

6. 系统软件整合

系统软件整合主要是指各类操作系统的配合使用，为应用程序和各类工具提供运行平台。

7. 硬件整合

硬件通常包括微型计算机、工作站、小型机、输入/输出设备及网络通信设备等。硬件整合主要通过局域网或者公共通信网络对硬件技术或者物理设备进行集成，需要考虑技术先进性、可扩展性和实用性相结合的原则。

工具整合、软件整合和硬件整合构成了信息技术要素，为 IT 应用系统提供技术平台。各种信息技术要素按照相应的工业技术标准有机整合在一起，共同构成 IT 基础设施体系。企业可以根据自身的实际情况和需要选择相应的 IT 基础构件方案和体系结构。

10.3.3　信息系统整合能力的整合范围

信息系统整合能力的整合范围可以划分为部门内整合、部门间整合、企业范围整合和企业间整合。

1. 部门内的信息系统整合

部门内的信息系统整合主要是针对企业某一特定领域的信息应用系统进行整合。20 世纪五六十年代，计算机开始进入企业管理领域。各个部门应用计算机进行数据记录、分类、统计、汇总、修改操作，以实现对例行事务的自动化处理，如工资核算系统、库存管理系统等。

2. 部门间的信息系统整合

部门间的信息系统整合主要针对不同部门的应用系统之间的整合。例如，企业销售部门和生产部门之间的信息系统的整合。生产部门可以根据销售订单的情况，随时对生产计划做出调整，销售部门也会根据生产实际情况对客户的咨询给出明确的回复。产品设计部门和客户服务部门之间的信息系统的整合，就会让产品设计人员及时知道产品的使用情况、用户对产品的满意度情况，据此对产品设计进行优化等。

3. 企业范围的信息系统整合

企业范围的信息系统整合主要是整个企业范围内的信息系统整合，在企业内实现跨部门的相互调用或者相互操作，从而实现功能的共享与交互，满足特定的目标需求。MRPII是企业范围的信息系统整合的结果。在纵向上整合了企业的 EDPS、TPS、MIS，缩短了企业决策层和操作层之间的距离，促进了企业组织"扁平化"；在横向上整合了企业的生产控制、物流管理、财务管理和人力资源管理等功能模块，带动了企业业务流程重组，从而消除了职能部门内部的"信息孤岛"，实现了对企业物流、资金流和信息流的集成化管理。

4. 企业间的信息系统整合

企业间的信息系统整合主要是对不同企业间的应用系统进行整合。例如，ERP 与供应链管理(supply chain management，SCM)、客户关系管理(customer relation management，CRM)系统的整合。ERP 实现了企业信息系统与上游供应商和下游客户的信息系统之间的整合。企业间的整合为合作双方带来了很大的效益，如摩托罗拉把公司的供应品预期需求信息提供给供应商，供应商会按照摩托罗拉的生产计划及时提供供应资源，摩托罗拉的采购人员减少了 30%左右、存货周转速度大幅提升，供应商也不需要配备人员来分析摩托罗拉的计划，供给成本下降明显。

10.3.4 信息系统整合能力的整合层次

信息系统整合能力的整合层次包括面向效率的整合、面向效益的整合和面向创新的整合。

1. 面向效率的整合

面向效率的整合主要通过应用系统的有机整合，促进各种应用之间功能的共享与交互，在整体上提升企业运行的自动化程度，从而改进企业运作的方式，以达到节约成本、提高工作效率的目的。例如，将会计系统、财务管理系统与采购、销售、仓库、人事工资等应用整合起来，实现业务活动与财务活动实时化，这些整合提高了相应的工作效率。

2. 面向效益的整合

面向效益的整合主要通过应用系统之间的相互联系、相互作用，促进各种应用系统之间的业务流程交互、优化与融合，从而改进企业生产经营管理活动的执行过程，促进企业业务流程的优化与整合，以获得更高的收益率，实现企业效益的提高。例如，ERP 促进了企业范围内的物流、信息流和资金流的整合，整体提升了企业的效益水平。

3. 面向创新的整合

面向创新的整合主要通过企业应用系统的有机整合，实现应用功能的突破和创造，从而支持并促进企业业务模式、业务流程等方面的创新，推动并支撑企业价值链的改善与进化，使得企业能够获得战略竞争优势，实现企业业绩水平的提升，推动企业的成长与发展。例如，ERP 与 SCM、CRM 等应用系统的整合，就属于创新的整合。

10.4　组织结构整合能力

10.4.1　组织结构整合能力的整合目标

直线制、职能制、直线职能制、事业部制、矩阵制等组织结构都是特定历史条件下的产物。组织结构的设计要综合考虑企业所处的外部环境、企业战略、企业的技术、人员素质、企业规模和企业发展阶段等因素。而整合思想作为高科技时代解决复杂性问题、有效构造整体的创造性思想方法，为组织结构的设计提供了方向。

组织结构整合是指运用整合的思想与方法，将不同的组织结构形式按照一定的方式集合成一个有机组织体的过程。组织结构整合能力的整合目标就是通过组织结构的整合，促使组织体的功能发生质的跃变，使整体效益得到极大提高，从而更好地为企业活动的开展提供支持和服务。管理者在进行组织结构设计时，必须考虑六个关键因素：工作专门化、部门化、命令链、控制跨度、集权与分权、正规化。这六个要素可以概括为组织的运行方式、沟通机制、决策模式和员工的工作方式，组织结构的整合为这四个方面的整合，如图 10-1所示。

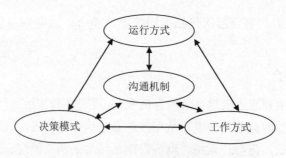

图 10-1　组织结构整合框架

10.4.2　组织结构整合能力的整合内容

组织结构整合能力的整合内容包括沟通机制的整合、运行机制的整合、决策模式的整合和工作方式的整合。

1. 沟通机制的整合

沟通机制的整合包括垂直沟通机制和水平沟通机制的整合。垂直沟通机制解决的是组织层级人员之间的沟通，通常见于等级制组织中。它能够回答员工提出的这种问题：我有问题时，去找谁？我对谁负责？水平沟通机制是一种双向沟通机制，通常是任务组的协调机制。两种机制的整合可以保持组织成员之间关系的稳定，促进组织成员之间关系的协调，增强成员联系的有效性和灵活性。

2. 运行机制的整合

运行机制的整合是指组织的正规化和自主化的整合。正规化是指组织中的工作实行标准化的程度。如果一种工作的正规化程度较高，就意味着这种工作有明确的工作说明书，对工作过程有详尽的规定，员工对工作内容、工作时间、工作手段没有多大自主权。而自主化程度高的工作，工作执行者和日程安排就不是那么僵硬，员工对自己工作的处理权限比较宽。通过运行机制的整合，能够保证组织行为符合战略框架的同时，充分调动成员的积极性，增强组织的活力。

3. 决策模式的整合

决策模式的整合是指集权决策和分权决策的整合。有些组织是高层管理者制定所有的决策，低层管理人员只管执行高层管理者的指示，即高度集权式的组织。另一种极端情况是，组织把决策权下放到最基层管理人员手中，即高度分权式的组织。通过集权决策和分权决策的有机结合，可以增强组织决策的有效性和灵活性。

4. 工作方式的整合

工作方式的整合是指成员的分工和协作的整合。分工和协作的整合在强调专业化效率的同时，增强组织作业的灵活性，促进组织成员之间的交流、学习、合作和与创新。

基于上述整合框架，企业组织结构的概念模型可描述为图 10-2 所示的结构框架。

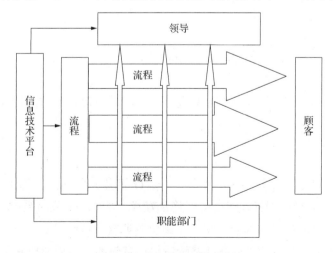

图 10-2　整合的组织结构框架

整合型的组织结构是以流程为中心、职能为辅助的矩阵式结构形式。跨越各个职能部门的流程有专门的流程团队,确保满足顾客的个性化需求。除此之外,流程团队需要及时记录流程的运作,同时还要对整个流程绩效进行评估。职能部门向团队提供所需要的专长和技术培训,承担指导、帮助和支持团队的工作,同时也需要根据流程的变化来调整自己的工作方式和目标。领导不但掌握着企业的发展方向,制定企业的战略,同时也协调着业务流程、组织职能之间的关系,实现着企业的结构化效率;信息技术为业务流程、职能部门和领导提供支撑平台。

10.5　文化整合能力

10.5.1　文化整合能力的整合目标

企业文化是指企业在市场经济活动的实践中,逐步形成的为全体员工所认同、遵守,带有本企业特色的价值观念、经营准则、经营作风、企业精神、道德规范、发展目标等的总和。它指导着每个员工的价值理念,是对企业员工的一种内在约束。也就是说,虽然它不像法律制度那样具有外在的强制性,但它却是一个隐含的企业员工行为准则,企业的员工都会认同它、遵守它。IT 应用系统吸收了丰富的管理思想,体现了科学的经营哲学和先进的价值观,因此本身也蕴含着一种文化,称之为 IT 文化。当企业文化与 IT 文化不一致时,就会产生两种文化的冲突,形成强大的实施阻力,有可能导致系统实施的失败。所以在信息系统建设过程中,必须对企业文化与 IT 文化进行一致性分析、整合,为 IT 的建设扫清障碍。

文化整合是指将企业文化与 IT 文化,根据完整性、系统性与有序协调的原则,进行整理、提炼、升华,达到最优化的整体效果的过程。文化整合能力的整合目标就是通过文化整合过程塑造出独具企业特色的现代企业文化体系,保证 IT 的顺利实施,实现 IT 投资价值。

10.5.2　文化整合能力的整合范围

文化整合发生在信息系统的整个生命周期,即战略阶段、实施阶段和运行阶段都要进行整合。

1. 战略阶段

在进行战略规划时,企业领导必须深入分析 IT 应用系统所蕴含的 IT 文化,分析企业文化与 IT 文化具有怎样的差异,确定文化整合方案。同时,IT 应用系统的实施过程,也是企业变革的过程,可能会导致部分组织人员岗位的调整,这些受到影响的员工极大可能会阻碍信息系统的顺利实施,这需要在战略阶段提出有效的、积极的措施削弱组织成员对 IT

应用系统的抵抗心理。一般来说，可以采取如下措施：创建变革的愿景和目标，强调变革的必要性，加强员工对变革的理解和信念；培训员工，让员工明确 IT 应用系统建设是形成组织核心竞争力、实现组织战略决策的解决方案；通过一定的措施加强员工的心理安全感；建立明确的规章制度，让员工理解企业希望的行为准则。

2. 实施阶段

在实施阶段，业务人员和 IT 人员的沟通至关重要，这决定着 IT 应用系统开发出的功能是否能满足组织需求，所以要推进文化整合方案，否则可能会因为业务人员和 IT 人员的文化冲突导致 IT 应用系统开发的失败。除此以外，实施阶段涉及软件产品的选型和服务提供商的选择。企业在选择产品供应商和服务提供商时，把文化考评纳入到选择标准中，可以预防合作过程中文化冲突的发生，降低合作风险。

3. 运行阶段

此阶段的系统已经完成开发、安装并投入使用，这时存在着 IT 文化与企业原文化之间的冲突。此阶段的冲突可以发生在系统运行初期和运行成熟期。

系统刚投入使用时，原有的文化起着主导作用，IT 文化对企业文化的影响比较小。这时 IT 成员要及时处理系统用户的各种问题，否则将引起他们对 IT 应用系统的不满情绪，不利于 IT 投资价值的实现。这个阶段企业要意识到变革是一个漫长的过程，必须有耐心，一如既往地支持变革，发挥领导在文化重塑中的表率和教导作用，以身作则，言行一致，积极推进新文化提倡的价值观和行为模式。

随着 IT 投资价值的体现，组织成员对 IT 应用系统有了全新的认识，组织成员也逐渐由最初的抗拒变成了适应和接受，旧有文化逐步被新的行为模式、价值观所代替，新的文化逐渐形成，最终 IT 应用系统成为企业日常工作的一部分，新的文化全面代替了旧的文化，这时企业应该进一步巩固和强化新的文化内涵，使新的文化在组织和员工中根深蒂固。

10.5.3 文化整合能力的整合层次

IT 应用系统的建设会波及整个企业，给各个层次带来了不同的影响，见表 10-1。企业的各个层次都需要进行文化整合。

1. 高层领导文化整合

企业要从 IT 应用中获取竞争优势，必须要在较高的战略层次上应用 IT。但由于信息化是一个高风险、高投入的系统工程，没有多少可以吸取的成功经验，只能是"摸着石头过河"，这需要高层领导给予 IT 极大的信任，也要具有强烈的进取心和创新精神，具有精益求精的工作作风，善于发现和接受新生事物，观念超前，勇于变革，积极向技术人员、向标杆企业学习。从而在企业内部逐渐形成一种具有创新和学习的文化氛围。

表 10-1　IT 应用对各层次人员的影响

	高层主管	中层主管	基层主管	操作人员	解　释
地位的丧失		√	√	√	丧失原来的地位、职务
人际关系		√	√	√	工作流程变化，团队成员变化
管理方式的改变	√	√	√	√	管理规范化，无法钻空子
权利的丧失		√	√		没有了指挥权，只有协调权
承担社会责任	√				部分员工要下岗，无法承担社会责任

2. 中层和基层管理者文化整合

IT 应用系统的实施是一个利益的调整过程，可能会涉及很多部门的职权、权利和责任的重新分配，从而会受到原来的利益主体不同形式、不同程度的抵抗，甚至引起部门之间的利益冲突，地位和权利的丧失足以让中层和基层管理人员破坏 IT 应用系统的开发过程。IT 在企业内的应用，要求的是一个顾全大局、协同合作、创新的文化，而这种文化与中层管理和基层管理的文化不一致，所以也要对二者进行整合。

企业要建立完善的规章制度，把 IT 应用系统的开发和使用与企业发展、员工业绩有机地结合，促使员工变压力为动力，自觉投入 IT 应用系统开发和应用行动中去。对 IT 应用系统开发过程中涌现的先进和典型人物要给予物质和精神上的奖励，并且重用或提拔，让他们更好地发挥示范和带头作用。同时对 IT 应用系统开发过程进行相关控制，避免管理者为了自身的利益，把 IT 应用系统的开发引入歧途。

3. 基层员工文化整合

一项全新技术和管理模式的出现，预示着很多人员需要改变现有的行为习惯。但一般来说，员工不愿意接受现有的改变，不愿意接受新系统，从而拒绝新文化。同时也害怕新系统的实施，会代替自己的工作，落得自己下岗的后果，也有部分员工担心自己不能胜任原来的工作，从而拒绝新系统的实施。基层员工的文化整合要靠多层次的、多内容的系统培训。这些培训包括管理理念培训、软件技能培训、员工操作培训、技术管理人员培训、新流程培训，目的是让员工尽可能地对新系统有一个明确的认识，帮助员工熟悉新系统的操作，最终达到心理上的认同和操作上的熟练。

本 章 小 结

战略整合能力的目标就是通过企业战略规划和 IT 战略规划制定过程，实现企业战略与 IT 战略的相互匹配、相互协同，具体包括战略与环境的整合、企业战略与 IT 战略的整合。

业务流程整合的目标就是通过业务流程整合，提升业务流程的运行效率、减少运行成本、提高产品质量和客户满意度，可以分为规范流程、优化流程和重组流程三种。

信息系统整合能力的整合目标就是通过信息系统整合，为企业提供全面的信息支持，包括界面整合、业务逻辑整合、功能整合、数据整合、工具整合、软件整合和硬件整合。

组织结构整合能力的整合目标就是通过组织结构的整合，促使组织体的功能发生质的跃变，使整体效益得到极大提高，从而更好地为企业活动的开展提供支持和服务，包括沟通机制的整合、运行机制的整合、决策模式的整合和工作方式的整合。

文化整合能力的整合目标就是通过文化整合过程塑造出独具企业特色的现代企业文化体系，保证 IT 的顺利实施，实现 IT 投资价值。信息系统的建设会波及整个企业，给各个层次带来不同的影响。企业的各个层次都需要进行文化整合。

思　考　题

1. 什么是企业战略？什么是 IT 战略？什么是战略整合能力？
2. 什么是业务流程整合能力？包括哪些整合内容？
3. 什么是信息系统整合能力？整合目的有哪些？
4. 什么是组织结构整合？组织结构设计需要考虑的因素都有哪些？

 微课资源

扫一扫：请扫描书后防盗码，获取权限。

业务流程重组案例　　　　自测题自由练习

第 11 章 企业核心 IT 能力评价指标

11.1 企业核心 IT 能力评价指标的设计原则

要制定一套科学、合理并具有可操作性的企业核心 IT 能力评价指标体系，必须遵循以下基本原则。

1. 科学性原则

评价指标体系是理论与实际相结合的产物，它必须是对评价对象的抽象描述。评价指标体系要能反映评价对象最重要、最本质、最有代表性的东西，而且每个指标概念的描述都要科学、确切、清楚、简练，有精确的内涵和外延。

2. 系统性原则

企业核心 IT 能力评价是由战略、业务流程、组织结构和文化、信息系统等要素组成的复杂系统。因此，在评价指标体系设置过程中，必须采取系统设计、系统评估的原则，考虑各种因素的相关性、整体性和目标性，才能全面、客观地做出合理的评价。

3. 动态和静态相结合的原则

企业核心 IT 能力具有明显的动态性。评价企业核心 IT 能力必须从发展变化的角度来考察，揭示企业核心 IT 能力的运动规律。这要求在设置评价指标体系时，要有反映当前企业核心 IT 能力状态的静态指标，也要包括反映企业核心 IT 能力变化趋势的动态指标。

4. 独立性原则

企业核心 IT 能力评价指标之间的界限应该清晰，避免指标之间的相互兼容和重叠，对隐含的相关关系在处理方法上应尽量将之弱化、消除。

5. 定性与定量相结合的原则

企业核心 IT 能力是一个多维的复合系统，不仅包括容易量化的因素，也涉及许多难以量化的要素，因此在指标体系的选择和运用中，既要包括定性评价要素，也要包括定量评价要素。在评价分析时，将定性指标进行量化处理并以近似值加以反映。

6. 可操作性原则

评价指标数据资料应该易于采集，计算方法简便、明确、易于操作。

7. 可比性原则

运用评价指标体系进行比较分析时，为了使评价结果可比，选取的指标应具有普遍的适用性，指标所包含的空间范围、时间范围、计算口径、计算方法等应尽量一致。

11.2 企业核心 IT 能力评价指标的构建方法与参考标准

11.2.1 企业核心 IT 能力评价指标的构建方法

构建企业核心 IT 能力评价指标体系时，主要使用综合法、分析法、交叉法和指标属性分组法。

1. 综合法

综合法是指对已经存在的一些指标群按一定的标准进行聚类，使之体系化的一种构造指标体系的方法。目前许多学者都在讨论 IT 应用系统评价、IT 项目评价、IT 投资价值评价等问题，若将不同研究综合起来，就可以构造出相对全面的核心 IT 能力评价指标体系。

2. 分析法

分析法是指将评价指标体系的度量对象和度量目标划分为若干个不同组成部分或者不同侧面，并逐步细分，形成各级子系统及功能模块，直到每一个部分或者侧面都可以用具体的统计指标来描述、实现。

3. 交叉法

交叉法也是构建评价指标体系的一种思维方法。通过二维或者三维甚至更多维的交叉，可以派生出一系列的统计指标，从而形成指标体系。例如，在设计经济效益统计指标体系时，常常采用"投入"与"产出"的交叉对比，获得指标体系。

4. 指标属性分组法

统计指标本身具有许多不同的属性，有不同的表现形式，因此可以从指标属性角度构建指标元素。在构建企业核心 IT 能力的指标时，也应用了这种方法，即从关键成功因素和结果两方面来设置核心 IT 能力评价指标。关键成功因素和结果可以看作是从指标的行为属性和结果属性分类，这样有利于问题的清晰阐述。

11.2.2 参考标准

COBIT(control objectives for information and related technology，信息系统和技术控制目标)是信息系统审计与控制协会在 1996 年公布的一个面向信息系统管理与控制的通用框架。它并非直接面向企业核心 IT 能力的评价，但是由于企业核心 IT 能力是探索如何利用 IT 投资为企业创造竞争优势、实现投资 IT 价值的问题，因此离不开对 IT 应用系统生命周期的管理控制。COBIT 框架为企业核心 IT 能力的评价内容及评价指标提供了大量的参考信息，具体内容如下。

(1) COBIT 控制框架把 IT 应用系统的生命周期划分成规划和组织、获取和实施、服务和支持、监控和评价四个领域。可以看出，COBIT 和企业核心 IT 能力的立脚点都是过程，而过程是由许多活动构成的，对活动的管理控制实际上就是一种 IT 能力。

(2) 从空间角度来看，COBIT 提出了 IT 资源(数据、应用系统、技术、设备和人员)的概念，并指明了每个控制目标或者过程所对应的主要资源。在此基础上，考虑贯穿整个模型的管理与控制机制。COBIT 在空间上已经完全覆盖了 IT 应用系统的各个方面，为企业核心 IT 能力评价提供参考。

(3) COBIT 不仅充分考虑了全面性，而且提供了丰富的管理控制工具，包括具体控制目标、关键绩效指标、关键目标指标和过程成熟度等，从而支持了 IT 应用系统事中与事后的控制，这与企业核心 IT 能力的过程评价和结果评价出发点不谋而合，为核心 IT 能力评价提供了评价内容和评价标准。

(4) 由于 COBIT 是一个面向过程的管理控制模型，所以在提供维护和改进建议方面，具有很大的应用价值。具体而言，COBIT 在通用性原则下定义了 IT 应用系统管理中的规范性控制过程，并详细说明了每个控制过程实现的具体目标和措施。因此，对于发现存在问题的环节，只要参照 COBIT 的相关描述并结合具体情况，就可以明确应采取的实际改进措施，这无疑为企业核心 IT 能力评价指标的构建提供了有益的参考。

但是企业核心 IT 能力不单单是关注 IT 过程，同样关注业务过程、IT 过程和业务过程的整合。企业核心 IT 能力的研究范围要比 COBIT 的研究范围广，必须结合其他的方法构造企业核心 IT 能力评价指标体系。通过阅读国内外相关领域的文献，对其他 IT 能力的各种指标进行统计分析，选择那些使用频度较高的指标。同时，结合我国 IT 应用的社会背景、企业背景、主要问题等，进行分析、比较，综合选择那些针对性较强的指标。

11.3 企业核心 IT 能力的评价指标构建框架

企业核心 IT 能力本质上是一个系统。从经济学上讲，可以分为投入、处理和绩效三个阶段，投入和处理可以看作是系统的行为要素，反映系统的过程；而绩效是系统的最终结果。结果是企业的目标，对系统的行为有引导、指导作用，行为是达成最终目标的手段，与结果紧密相连。评价一个系统时，如果仅仅衡量结果而不注重对行为的考察，则无法说明怎样才能取得结果；如果只考察行为而缺乏衡量结果的具体指标，虽然可能会使行为在短时间内朝着评价者所引导的方向改进，但是离开了对结果的衡量却不能显示这些行为改进是否已经被转化为结果。所以对一个系统进行评价时，既要考虑过程行为，也要考虑结果。按照这种思路，在评价企业核心 IT 能力时，要从关键成功因素和绩效两方面对企业核心 IT 能力的各个组成要素进行评价，见表 11-1。

表 11-1 企业核心 IT 能力的指标构建框架

战略整合能力	关键成功因素
	战略整合绩效
业务流程整合能力	关键成功因素
	业务流程整合绩效
信息系统整合能力	关键成功因素
	信息系统整合绩效
组织结构整合能力	关键成功因素
	组织结构整合绩效
文化整合能力	关键成功因素
	文化整合绩效

11.4 战略整合能力评价指标

战略整合能力可以应用环境分析能力、规划团队的投入水平、规划人员的合作能力、战略整合绩效四个指标进行评价。

11.4.1 环境分析能力

企业当前竞争的环境是一个动态、复杂的环境，在进行企业/IT 战略规划时，必须分析企业外部环境和内部环境，以便确定企业面临的战略机会和威胁、资源和能力缺口。环境分析能力分为外部环境分析能力和内部环境分析能力。外部环境分析能力可以从对行业发展趋势的分析程度、利益相关者的分析程度、竞争者 IT 应用的分析程度、IT 给行业带来的机会和威胁的分析程度、企业面临的未来情景的分析程度、法律法规分析程度等方面进行评价。内部环境分析能力可以从企业对 IT 应用优势和劣势的分析程度、内部 IT 系统的分析程度、内部组织系统的分析程度等方面进行评价。

11.4.2 规划团队的投入水平

IT 战略规划需要组建规划团队，规划团队的投入水平直接影响着规划效果。规划团队的投入水平可以从高层管理者对信息化的重视程度、高层管理者对 IT 价值的信任程度、高层管理者具有的 IT 知识、IT 管理者具有的业务知识等方面进行评价。

1. 高层管理者对信息化的重视程度

高层管理者对信息化的重视程度表现在高层管理者能直接参与信息化的工作、提高 CIO 地位，使其直接向 CEO 报告、为信息化分配足够的资金和人力等。高层管理者对信息化的重视程度可以通过规划团队中的最高领导者所处的层级、CIO 设置的有无以及所处的级别、IT 规划和预算的有无、IT 规划和预算是分散还是专门的信息化规划等方面进行评价。

2. 高层管理者对 IT 价值的信任程度

高层管理者对 IT 价值的信任至关重要。如果高层管理者对 IT 价值不信任,进行战略规划时,就会把 IT 部门视为从属地位,企业对 IT 的应用可能是低层次的,潜在的 IT 机会不能被接受,IT 的战略价值得不到发挥,IT 投资为企业带来竞争优势的机会就会丧失。高层管理者对 IT 价值的信任程度可以通过分析 IT 在企业中的应用层次来进行评价。

3. 高层管理者具有的 IT 知识

战略规划过程中,高层管理者需要与 IT 管理者对 IT 的价值、IT 的发展趋势、应用场景进行沟通。高层管理者如果具有很丰富的 IT 知识,就会很容易与 IT 主管达成一致的意见,为企业战略和 IT 战略的整合提供基础。

4. IT 管理者具有的业务知识

随着 IT 在企业中的深入应用,IT 专业人员从"面向任务"转变到"面向角色",对 IT 专业人员的技能要求从传统的技术能力和系统开发知识转移到对业务运作的理解,这要求 IT 管理者拥有更多的业务知识。业务知识主要包括企业战略情况、组织工作过程、产品和服务现状、产业成功原因、企业竞争者优势和劣势等。IT 管理者具有的业务知识可以通过分析 IT 管理者具有业务知识的范畴来进行评价。

11.4.3 规划人员的合作能力

规划人员的合作能力主要用来评价规划团队成员在战略规划过程中相互配合、相互协调,完成共同目标的能力,可以从以下几个方面进行评价。

(1) 规划人员对企业战略的理解程度。IT 战略支撑企业战略,规划人员只有对企业战略理解清楚,才能更好地规划 IT 战略,建立的 IT 应用系统才能具有科学性、先进性、适用性,IT 资源才能实现优化配置。

(2) 系统体系结构设计水平。系统体系结构设计是 IT 战略规划的一项重要输出。高水平的体系结构设计意味着开发的新系统能和旧系统进行无缝连接,而且系统功能、数据没有冗余,系统的资源利用率高、可修改性较强。

(3) 系统实施顺序评价标准的一致性程度。规划人员在理解各自的目标、问题和约束条件基础上,针对 IT 应用系统实施的顺序建立一套公认的评价标准,这样可以保证关键的 IT 应用系统优先实施。

(4) 系统实施的保障程度。针对 IT 应用系统的实施做出计划,使每个 IT 应用系统能按照规定的优先级得到所需要的资源,并且分配了相应的责任人。

11.4.4　战略整合绩效

战略整合绩效体现了战略整合能力的产出效果，是战略整合能力水平的重要衡量标准。战略整合绩效可以从以下方面进行评价。

(1) IT 战略与企业战略的协同程度，包括 IT 战略计划和战术计划协同程度、IT 战略与企业战略协同程度、IT 目标与企业目标协同程度等。

(2) 股东满意度，包括对 IT 战略和战术计划满意程度、对 IT 应用系统组合满意程度。

(3) 遵循法律法规情况。战略制定遵循国家法律法规的程度。

11.5　业务流程整合能力评价指标

业务流程整合能力可以应用分析设计能力、团队成员的投入水平、业务流程整合绩效三个指标进行评价。

11.5.1　分析设计能力

业务流程是实现战略的手段，是企业战略体系的组成部分。企业战略一经形成，必将对企业的业务流程起着先导作用。由于企业内外部环境的变化，企业战略会改变，企业的业务流程也随着战略的改变进行规范、优化与重组。企业在整合业务流程时，要考虑企业经营目标是什么，现有流程是否阻碍了企业经营目标的实现，新的流程是否能有效达到企业目标。分析设计能力可以从流程团队成员对企业战略的了解程度、对变革相关目标的理解程度、流程管理责任落实到位程度、业务流程整合控制措施的规范化程度、对 IT 的应用程度等方面来进行评价。

11.5.2　团队成员的投入水平

业务流程整合必然引起工作领域内相关流程、技术、工作角色和文化等的变革，所以很容易引起人为的抵制，使变革功亏一篑。因此，业务流程整合过程中，高级管理者必须直接领导而不是仅仅参与或者管理，这样才能保证足够的资金投入、各方面关系的协调和对企业战略的把握。另外，业务流程如何进行整合，哪些流程需要消除、哪些流程需要简化、哪些流程需要合并、哪些流程需要自动化处理，都需要业务流程整合团队具有相应的知识和技能。因此，团队成员的投入水平可以从高层管理者的支持程度、团队拥有的知识和技能等方面来进行评价。

11.5.3 业务流程整合绩效

业务流程整合绩效体现了业务流程整合能力的产出绩效,是业务整合能力水平的重要衡量标准。整合绩效可以从业务流程的成本降低率、质量、效率、顾客满意度等方面来进行评价。

1. 业务流程的成本降低率

业务流程的成本包括流程成本、作业成本和资源成本三个方面。成本降低率用以下公式计算:

$$成本降低率=(原成本-新成本)÷原成本×100\%$$

2. 业务流程的质量

业务流程的质量指标包括误操作率(量)、废品率(量)、次品率(量)、返工率(量),企业可以根据不同性质的业务流程选择有代表性的质量评价指标。

3. 业务流程的效率

业务流程效率是指业务流程在一定期间内能提供的产品/服务的数量。在一定的期间业务流程提供的产品/服务越多,业务流程效率越高;提供的产品/服务越少,业务流程效率越低。业务流程的效率可以通过业务流程时间来分析。业务流程时间包括流程周期时间、流程执行时间、流程等待时间、流程非活动时间。

流程周期时间即为业务流程执行一次任务的运转的全部时间;流程执行时间即业务流程执行一次任务的运转中执行时间的总和;流程等待时间即业务流程执行一次任务中任务等待时间的总和;流程非活动时间即业务流程执行一次任务中非作业时间的总和。

用业务流程时间来表示业务流程的效率,则有:

业务流程的效率提高=(原有业务流程时间-现有业务流程时间)÷原有业务流程时间×100%

4. 业务流程的顾客满意度

业务流程的顾客满意度是指流程的输出满足顾客需求的程度,也被称为流程的有效性。如果一个业务流程能在正确的地点、正确的时间,以适当的价格提供正确的高质量的输出,满足顾客的需求,那么,这个流程的有效性就好,顾客满意度就高。

根据流程为顾客提供服务的特点,可以将影响顾客满意度的因素分解成几个指标,如功能、服务、品质、交货及时性、满足顾客特殊要求的能力等,并为每个指标设置权重。通过调查,顾客对每个方面进行满意度评分,按照下列公式就可以求出顾客满意度:

$$Z = \sum_{i=1}^{n} S_i V_i \qquad (i = 1, 2, \cdots, n)$$

其中,S 为顾客在每个指标上的得分;V 是每个指标的权重;n 为指标数。

11.6 信息系统整合能力评价指标

信息系统整合能力可以应用信息系统整合管理能力、信息系统整合实现能力、信息系统服务交付能力、信息系统服务支持能力、信息系统整合绩效五个指标进行评价。

11.6.1 信息系统整合管理能力

信息系统整合管理能力可以应用 IT 投资管理能力、IT 质量管理能力、IT 风险管理能力、IT 人员管理能力、IT 资源获取能力、数据管理能力六个指标进行评价。

1. IT 投资管理能力

IT 投资管理是 IT 部门和所有的股东共同识别和控制 IT 成本,并对 IT 收益进行管理的过程。IT 投资管理能够加强 IT 部门和股东之间的联系,使 IT 应用系统得到有效利用,对 IT 成本的使用更加透明,并保证有人对 IT 成本的使用负责,确保企业绩效和 IT 投资价值得以实现。IT 投资管理能力可以通过 IT 投资管理过程的标准化程度、IT 成本管理责任落实到位程度、IT 收益指标的设置是否参考行业标准等方面进行评价。

2. IT 质量管理能力

IT 应用系统开发过程中,必须有一套可以参考的 IT 质量标准,对质量控制规范、系统开发生命周期方法论、程序和系统测试及文档、质量保证审核和报告等内容进行规定,并且按照这个标准对开发过程进行监控,及时采取正确的纠正和防护措施保证遵从质量标准,并实时对质量标准进行维护。IT 质量管理能力可以从 IT 质量管理流程的标准化程度、IT 质量标准培训的规范化程度、IT 质量标准的沟通程度,IT 应用系统的用户满意度、是否有持续的 IT 质量改进计划等方面进行评价。

3. IT 风险管理能力

任何项目都会包含一定程度的风险,尤其是 IT 项目更具有高风险和高收益的特点,因此需要对 IT 风险进行管理,以减少不确定性。IT 风险管理要识别风险,测算出某一风险发生的频率及对业务的影响程度,以此确定风险等级,采取不同的手段或措施控制和降低风险,并对 IT 风险控制措施进行检查和评估。风险管理能力可以从风险管理过程的明确程度、IT 风险因素的识别情况、IT 风险控制措施的设置情况、IT 风险管理责任落实到位程度等方面进行评价。

4. IT 人员管理能力

IT 人员是 IT 价值实现过程的主体,直接关系到 IT 应用系统是否能够实现业务目标和要求。企业从招聘、培训、评价、晋升到解雇等,需要一个合理、公平和透明的 IT 人员管理规范。IT 人员管理能力可以从 IT 人员管理过程的标准化程度、IT 人员管理制度执行情况、责任落实到位程度、IT 人员与企业需求一致性等方面进行评价。

5. IT 资源获取能力

当企业从外部获取 IT 资源时，需定义和实施采购程序、选择供应商、建立合同，保证组织在规定的时间内以有效的方式来获取 IT 资源。资源获取能力可以从企业 IT 外包流程的规范性、IT 外包风险控制水平、IT 供应商管理水平等方面进行评价。

6. 数据管理能力

数据是信息服务中最基本的组成元素，企业要对数据的整个生命周期进行管理，包括数据的输入、处理和输出的控制，数据存储媒介的识别、移动，数据存放点的管理，数据的备份，数据的验证和完整性的管理等。数据管理能力可以从数据管理流程的规范程度、实时更新程度、数据管理责任落实到位程度、数据管理员工的培训程度等方面进行评价。

11.6.2 信息系统整合实现能力

信息系统整合实现能力可以应用自动化解决方案能力、获取和维护 IT 应用系统能力、获取和维护 IT 基础设施能力、安装和验收 IT 系统能力四个指标进行评价。

1. 自动化解决方案能力

自动化解决方案能力主要是把企业的功能和技术需求转化成技术和成本，以最能满足用户需求的经营目标，来控制 IT 过程的自动化。自动化解决方案能力可以通过对多种方案进行识别和分析的程度、市场对该系统方案认可度的分析程度、系统方案与企业 IT 战略的匹配程度等方面进行评价。

2. 获取和维护 IT 应用系统能力

获取和维护 IT 应用系统的过程是 IT 投资价值实现的基础。获取和维护 IT 应用系统能力可以从 IT 应用系统对企业的需求支持程度、业务流程和 IT 应用系统的融合程度、实施阶段成果的明确程度、系统功能测试和验收程度、系统安全管理水平、文档管理的规范化程度、人机界面的友好性等方面进行评价。

3. 获取和维护 IT 基础设施能力

IT 基础设施是 IT 应用系统运行的主要平台。获取和维护 IT 基础设施能力可以从是否考虑 IT 基础设施的标准和未来的应用方向、IT 基础设施服务能力与企业需求的一致性程度、硬件管理(评估、安装、维护和变更、升级、切换和移植)是否有明确的定义流程等方面进行评价。

4. 安装和验收 IT 系统能力

IT 系统要进行安装和验收才能投入运营。安装和验收 IT 系统能力可以从 IT 系统安装的规范性、是否有移植和切换计划、是否有验收计划、对运营管理人员的培训程度、测试环境和环境特征的一致性、实施完成后的评估和反馈程度等方面进行评价。

11.6.3 信息系统服务交付能力

服务交付能力可以通过 IT 服务级别管理能力、第三方管理能力、IT 服务连续性管理能力、IT 系统性能管理能力、IT 系统设施管理能力五个指标进行评价。

1. IT 服务级别管理能力

IT 服务级别管理是对定义、协商、检测和评审服务水平协议的管理。IT 服务水平协议规定了服务双方各自的责任、权利和义务，IT 应用系统服务的反应时间，相关信息的保密，使用方满意的标准等。IT 服务级别管理能力可以从 IT 服务级别管理流程的规范程度、用户满意度、服务水平和企业目标的一致性等方面进行评价。

2. 第三方管理能力

许多企业将 IT 应用系统服务和系统本身的维护交给了第三方，这导致企业对 IT 应用系统服务质量的控制能力变弱，这就需要加强对第三方服务提供者的管理。第三方管理能力可以从是否有 IT 服务信息保密协议、IT 服务交付的监督和汇报流程的规范性、是否进行IT 服务的风险评价、IT 服务品质奖惩机制的完备性等方面进行评价。

3. IT 服务连续性管理能力

IT 服务连续性管理是指发生灾难后有足够的技术、财务和人力资源来确保 IT 服务的持续性，其关注的焦点是在发生服务故障后仍然能够提供预定级别的 IT 服务，从而支持组织的业务持续运营。IT 服务的连续性管理能力可以从连续性管理过程的规范性、对程序进行备份的程度、是否定期对系统的软件和硬件进行测试、相关人员培训程度等方面进行评价。

4. IT 系统性能管理能力

IT 系统的性能直接关系到信息服务的及时性和准确性。企业要确保 IT 系统的性能满足业务需求，并能够以最有效和最经济的方式来满足业务需求。IT 系统性能管理能力可以从IT 系统性能评价的规范性、IT 系统性能提升流程的规范程度、IT 系统能力与企业需求相一致程度等方面进行评价。

5. IT 系统设施管理能力

IT 系统设施管理是 IT 应用系统及时有效交付的保证。信息服务部门要提供合适的物理环境来保证 IT 设备和相关的人员免受人为的和非人为的危害。IT 系统设施管理能力可以从对设施访问的关注程度、设施管理控制流程的规范程度、物理环境的安全性、相关人员的健康和安全等方面进行评价。

11.6.4 服务支持能力

服务支持能力可以通过事件管理能力、配置管理能力、变更管理能力、问题管理能力四个指标进行评价。

1. 事件管理能力

在信息服务的交付过程中，突发事件随时都有可能发生，事件管理的目的就是在出现事件时尽可能快地恢复服务的正常运营，避免造成业务中断，以确保最佳的服务可用性级别。事件管理要确保各类 IT 事件能在成本允许的范围内，按事件的优先级，快速、有序地解决，并为客户提供及时的事件处理状态信息。事件管理能力可以从事件解决的成本、效率、业务的可靠性等方面进行评价。

2. 配置管理能力

配置管理是识别和确认系统的配置项，记录和报告配置项状态和变更请求，检查配置项的正确性和完整性等活动，以便在系统出现问题时及时寻找解决方案，同时防止系统各类参数和设置在未经授权的情况下被人为地改动。配置管理能力可以从配置管理流程的标准化、交流程度、用户培训程度等方面进行评价。

3. 变更管理能力

企业业务或者客观环境发生变化，都会导致用户 IT 需求的变更。变更管理要考虑 IT 变更的识别、分类、优先确定和紧急处理程序，影响度评估，变更的授权等。变更管理能力可以从变更过程的规范化程度、配置文件的正确性、变更管理和最佳实践一致性程度等方面进行评价。

4. 问题管理能力

问题是导致多起事件的潜在原因，问题管理就是尽量减少服务基础架构、人为错误和外部事件等缺陷或者过失对客户造成影响，并防止它们重复发生。问题管理过程中如果发现一个或者多个事件产生的原因，并找到临时措施就可将其升级为知名错误，提交变更请求以消除事件产生的根本原因。问题管理能力可以从问题解决过程的标准化程度、问题管理人员责任落实到位程度、问题解决的方法和程序是否被记录等方面进行评价。

11.6.5 信息系统整合绩效

信息系统整合绩效体现了信息系统整合能力的产出绩效，是信息系统整合能力水平的重要衡量标准。信息系统整合绩效可以从提升企业竞争地位的程度、信息系统支持企业战略的程度、跨组织单位相关技术的整合程度、信息的质量(可获得性、效率性、有效性、一致性、完整性、遵从性、可靠性)、决策信息化水平、系统的互操作性、企业门户网络建设情况等方面进行评价。

11.7　组织结构整合能力评价指标

组织结构整合能力可以通过组织结构的构建能力、变革的实施能力和组织结构整合绩效三个指标进行评价。

11.7.1　组织结构的构建能力

组织结构的构建是战略整合、业务流程整合和信息系统整合的保障。组织结构的构建能力主要从组织结构与企业战略的匹配性、与企业技术的匹配性、与员工素质的匹配性、与企业规模的匹配性、与企业生命周期的匹配性等方面进行评价。

(1)　与企业战略的匹配性可以从三个方面进行考察，即与经营战略匹配程度、与战略重心匹配程度、与战略类型匹配程度。

(2)　与企业技术的匹配性可以从两个方面进行考察，即与企业级技术匹配程度、与部门级技术匹配程度。

(3)　与员工素质的匹配性可以从三个方面进行考察，即集权与分权决策模式与员工素质匹配程度、管理幅度与员工素质匹配程度、部门设置形式与员工素质匹配程度。

(4)　企业的规模可以通过企业的职工人数、企业生产能力、年销售额、企业投资额等指标来衡量。由于组织结构在本质上是企业内各类人员的有机集合的某种形式，可以通过与员工人数的匹配性程度来评价。

(5)　企业的生命周期主要包括创业阶段、集合阶段、正规化阶段和精细化阶段。不同的企业发展阶段要求不同的组织结构与之相匹配，因此与生命周期相匹配是评价组织结构的重要指标。

11.7.2　组织结构变革的实施能力

组织结构变革过程中遇到的障碍主要包括组织成员对组织的不确定感、对组织结构变革缺乏理解和信任、害怕失去某些既得利益、对变革的认识不同、不适应角色改变造成的阻力、习惯成自然等。组织结构变革实施能力可以从组织员工的参与程度、变革团队领导能力、沟通和交流程度、员工的信任与理解程度等方面进行评价。

11.7.3　组织结构整合绩效

组织结构整合绩效体现了组织结构整合能力的产出绩效，是组织结构整合能力水平的重要衡量标准。组织结构整合绩效可以从企业信息传递速度、决策反应速度、学习模仿速度、组织结构调整速度、企业和外部环境的联系能力、部门专业化及协调能力、企业自我变革及创新能力等方面进行评价。

11.8 文化整合能力评价指标

文化整合能力可以从文化诊断能力、文化培养能力和文化整合绩效等方面进行评价。

11.8.1 文化诊断能力

企业要对引入的 IT 应用系统文化与企业文化一致性进行诊断分析。根据 IT 应用实施过程所涉及的主体不同，文化诊断能力可以从高层文化诊断程度、中层文化诊断程度、基层文化诊断程度、与合作单位文化诊断程度等方面进行评价。诊断内容可以从个人文化还是群体文化、保守文化还是变革文化、单一文化还是多样性文化、本位文化还是全局文化、文化自信还是文化自卑等方面进行。

11.8.2 文化培育能力

企业文化如果和 IT 应用系统文化不一致，企业就需要采取积极措施来削弱组织成员的抵抗心理，从而引导和推动组织文化的成功变革。在整个生命周期内，都应该有相应的措施对企业内的高层、中层和基层人员进行培训。文化培育能力可以从文化培育流程的完备性、领导推进程度、员工培训程度、沟通和宣传程度等方面进行评价。

11.8.3 文化整合绩效

文化整合绩效体现了文化整合能力的产出绩效，是文化整合能力水平的重要衡量标准。文化整合绩效可以从高层文化与 IT 文化的一致性、中层文化与 IT 文化的一致性、基层文化与 IT 文化的一致性、外部合作单位与 IT 文化的一致性等方面进行评价。

高层领导与 IT 文化的一致性可以从高层领导对 IT 战略价值的认识程度、高层领导的创新意识、高层领导主动学习能力等方面进行评价。中层领导与 IT 文化的一致性可以从中层领导的全局意识、与各部门的沟通程度、用人能力与放权程度等方面进行评价。基层领导与 IT 文化的一致性可以从工作效率、工作态度、团队成员之间的协作能力等方面进行评价。外部合作单位文化与 IT 文化的一致性可以从外部合作单位对 IT 应用系统功能定位的准确程度、对 IT 员工的培训程度、对 IT 应用系统支持与维护程度等方面进行评价。

本 章 小 结

构建科学合理的评价指标是任何评价工作的一个重要环节。要制定一套科学、合理并具有可操作性的企业核心IT能力评价指标体系，必须遵循以下基本原则：科学性原则、系统性原则、动态和静态相结合的原则、独立性原则、定性与定量相结合的原则、可操作性原则和可比性原则。

企业核心IT能力本质上是一个系统，可以分为投入、处理和绩效三个阶段，投入和处理可以看作是系统的行为要素，反映系统的过程；而绩效是系统的最终结果。结果是企业的目标，对系统的行为有引导、指导作用，行为是达成最终目标的手段，是与结果紧密相连的。对一个系统进行评价时，既要考虑过程行为，也要考虑结果。按照这种思路，在评价企业核心IT能力时，要从关键成功因素和绩效两方面对企业核心IT能力的各个组成要素进行评价。

思 考 题

1. 企业核心IT能力评价指标的设计应遵循哪些原则？
2. IT战略规划需要组织投入哪些资源？
3. 业务流程整合绩效可以用哪些指标来评价？
4. 信息系统整合能力可以具体分解为哪些能力？

📽 微课资源

扫一扫：请扫描书后防盗码，获取权限。

IT绩效评价

自测题自由练习

第 12 章　IT 治理

12.1　IT 治理概述

12.1.1　IT 治理的内涵

信息化发展到一定阶段就会产生信息化乱象，如信息化建设领导错位，本位主义严重，决策的技术经济论证不足，风险管理缺位，重硬件购买、轻软件和咨询服务，信息化建设找不到重心等。传统的 IT 管理已经无力面对这些挑战，需要引入公司治理的思想。IT 治理便在此背景下产生了。

关于 IT 治理的内涵主要有两种观点。信息系统审计与控制协会(information systems audit and control association，ISACA)认为 IT 治理是一个由关系和过程所构成的体制，用于指导和控制企业，通过平衡信息技术与过程的风险、增加价值来确保实现企业的目标。而彼得·维尔和珍妮·罗斯认为 IT 治理是指为鼓励期望行为而明确的决策权归属和责任担当的框架。

ISACA 侧重于从流程和制度角度对 IT 治理内涵进行定义，而彼得·维尔侧重从决策角度进行定义。虽然角度不同，但这两个概念都揭示了 IT 治理是公司治理的一部分，IT 治理的目标与公司治理的目标是一致的。实际上，科学决策是治理的核心，制度和流程是治理的途径，因此可以将这两个概念进行整合，并将 IT 治理定义为：IT 治理是信息不对称情况下，为保证 IT 决策的责、权、利一致，而设计的鼓励、约束的制度和流程。IT 治理的基本目标是确保 IT 与业务一致性，IT 治理的基本任务是控制 IT 风险。

12.1.2　IT 治理与 IT 管理

IT 治理并不是要替代 IT 管理。IT 治理的目的是通过组织结构和制度、战略流程等手段确保 IT 决策符合组织目标，实现业务与 IT 的一致性，控制信息化风险，保证组织目标的完成。

IT 管理是通过管理手段来保证 IT 部门"正确地做事"，如提高服务质量、提高系统的可用性、保证信息安全等。既然是管理，其基本内容还是组织、计划、领导、监督。

IT 治理和 IT 管理分属不同层面，打个比方来说：火车行驶中管理仅仅是执行，是开火车，解决如何让火车跑得更快的问题；而治理则是谁来做决策，在哪修轨道，约束火车必须在轨道上行驶的问题。

简单地说 IT 管理解决的是如何把事情做好；IT 治理决定的是要做哪些事，谁来做这些事，以及决策机制如何建立、监控的问题。二者的对比见表 12-1。

表 12-1　IT 治理与 IT 管理

项　目	IT 治理	IT 管理
目标	实现利益相关者的利益平衡	实现效益最大化
侧重点	侧重于制度和流程建设	侧重于技术的应用
主要任务	IT 决策的责权配置	IT 资源的具体利用
层级结构	企业的 IT 治理结构	企业的 IT 组织结构
主体	利益相关者	企业 IT 管理人员
作用	做正确的事	正确地做事
系统运行基础	内外部的显性与隐性契约关系	行政权威关系

12.1.3　IT 治理与公司治理

IT 治理与公司治理的关系如下。

(1) IT 治理与公司治理的目标具有一致性，都是为了实现企业收益最大化。

(2) IT 治理是公司治理的一部分，公司治理驱动和调整 IT 治理。

(3) IT 治理侧重于企业信息资源的有效利用和管理，公司治理侧重于企业整体规划。

(4) IT 治理的重点是业务与 IT 的一致性，通过合理配置 IT 资源创造价值。公司治理的重点在于监督和制衡。

(5) IT 治理更多关注治理过程，而公司治理更多关注的是治理结构。

(6) IT 治理更多的是管理学视角，而公司治理更多的是经济学视角。

12.2　IT 治理内容

IT 决策、激励、控制是 IT 治理的三大支柱。IT 治理包括十大流程，具体如下。

(1) IT 治理结构。IT 治理结构是参与 IT 管理与决策的所有人员的组织方式，主要包括 IT 部门的定位与发展、IT 部门组织模式、IT 组织结构设计、IT 员工的发展与管理。

(2) IT 战略规划。IT 治理的核心问题之一就是确保 IT 战略与企业战略相一致，前面章节已阐述，不再赘述。

(3) IT 投资决策治理。确定 IT 投资决策内容选择 IT 投资决策主体与治理模式等。

(4) IT 项目治理与管控。设计合理的 IT 项目治理结构和治理机制，调动项目管理者的积极性，提高 IT 项目的效率。

(5) 信息化风险管理控制。从 IT 战略与业务战略的高度，坚持"以用户为中心"的服务意识，制定信息化风险管理控制流程。

(6) 信息安全治理与管控。最高管理层用来监督管理层在信息安全战略上的制定过程、架构以及与业务的关系，以确保信息安全战略与组织业务的目标一致。

(7) IT 供应商治理与管控。与供应商合作过程中明确双方的认知和期望、权利和约束，提高双赢的可能性。

(8) IT 绩效管理与评价。建立科学的企业信息化投资绩效评价体系，确保企业信息化投资管理、监督和指导体系的建立。

(9) 信息系统内部控制与合规。信息化要按照企业发展战略的要求进行统一规划、统一管理，建立企业信息化管理控制体系。

(10) 信息系统审计。对信息系统的生命周期风险进行审计，确保信息系统的安全。

下面主要对 IT 投资决策治理和信息化风险管理控制进行介绍。

12.2.1　IT 投资决策治理

1. IT 投资决策内容

IT 投资决策内容包括 IT 指导原则决策、IT 体系架构决策、IT 基础设施决策、业务应用需求决策、IT 投资和优先级决策五个部分。

1) IT 指导原则决策

IT 指导原则是针对 IT 如何运用的一系列最高陈述，是企业发展战略中的一部分，体现了高层管理者期望 IT 如何帮助企业实现业务价值，同时也是其他治理决策应遵循的原则。IT 指导原则决策包括 IT 规划或者计划、IT 组织结构与关系、IT 治理的原则、全局性的与业务战略相关的 IT 管理原则、IT 监督和控制原则等决策。

2) IT 体系架构决策

IT 体系架构是通过一系列政策、关系以及技术选择获取数据、信息、应用和 IT 基础设施的组织逻辑，以达到期望的业务和技术的标准化和集成化，具体包括数据与信息的架构、应用系统的架构、基础设施的架构。IT 体系架构决策具体包括技术指导原则、信息体系结构的标准化和集成化、应用系统体系结构的标准化和集成化、基础设施体系结构的标准化和集成化等决策。

3) IT 基础设施决策

IT 基础设施是 IT 能力的基础，其目标是提供共享的、可靠的服务。IT 基础设施决策包括集成的电子平台、安全和风险、通信、数据管理、基础设施应用、IT 标准、IT 管理、IT 设施管理、IT 研发、IT 教育等决策。

4) 业务应用需求决策

业务应用需求决策反映了业务需求，即哪些业务流程、业务职能需要通过 IT 来实现或者优化，也包括确定内部开发或者购买的方式，确定各个业务应用之间交互与协作的方式。业务应用需求决策包括 IT 应用系统的业务需求、与 IT 应用系统业务需求相关的其他需求、IT 应用系统集成方案、IT 应用系统协作解决方案等决策。

5) IT 投资和优先级决策

IT 投资和优先级决策是企业 IT 投资的决策，是财务财产向 IT 资产转化的决定，其具体内容包括 IT 预算、IT 投资审批、IT 投资优先级管理、IT 成本管理、IT 商业价值管理和投资风险管理等决策。

IT 投资决策的五个领域是相互关联的。IT 指导原则驱动着 IT 体系架构的形成，而 IT 体系架构又决定了 IT 基础设施，这种 IT 基础设施所确定的能力又决定着基于业务需求应用的构建。最后，IT 投资与优先级必须为 IT 指导原则、IT 体系架构、IT 基础设施和业务应用需求所驱动。这五个决策领域基本上囊括了所有与 IT 相关的决策。企业要结合实际情况，在每个决策领域选择合适的治理模式。

2. IT 投资决策主体与治理模式

IT 投资决策主体有高层领导者、公司的 CIO(IT 主管)、业务部门主管。有些项目是业务部门占决策主导地位，有些是 IT 部门占决策主导地位，有些项目则由业务部门和 IT 部门共同主导。IT 投资决策有如下几种治理模式。

(1) 组织总部负责制。由高层领导者负责决策。

(2) IT 部门负责制。由 CIO(IT 主管)负责决策。

(3) 业务部门负责制。由业务部门主管独立决策。

(4) 联邦制，也称组织总部和业务部门负责制。由高层领导者和业务部门主管联合决策，有或者没有 CIO(IT 主管)的参与。

(5) IT 双寡头制，也称 IT 部门和其他部门负责制。由 CIO(IT 主管)和高层领导者，或者 CIO(IT 主管)业务部门主管联合决策。

3. IT 投资决策治理安排

IT 投资决策治理安排是为 IT 投资决策内容确定合适的投资决策治理模式。

IT 指导原则决策关注的是战略一致性和风险管理问题，IT 双寡头制、联邦制都比较关注这两个领域，所以可以优先考虑这两个治理模式。

IT 体系架构决策关注的是标准化和集成化问题，IT 双寡头制、IT 部门负责制是比较适合 IT 体系架构决策的治理模式，二者的共同特性是有 IT 部门的参与，可以依据公司情况来进行治理上的安排。如果 IT 部门充分了解组织的业务需求，可以选择 IT 部分负责制，否则选择 IT 双寡头制较佳。

IT 基础设施决策关注的是 IT 能力和 IT 体系架构决策具有共同的特性，可以参考 IT 体系架构决策治理模式来选择具体的决策模式。如果 IT 部门比较了解业务需求，可以选择 IT 部门负责制，否则可以选择 IT 双寡头制，以达到各个业务部门需求之间的协同。

业务应用需求决策关注的是企业的需求问题，可选择联邦制治理模式，即高层领导、业务主管和 CIO(IT 主管)的联合决策。CIO(IT 主管)能深入了解。业务层面的需求，可以更好地提供 IT 服务。

IT 投资和优先级决策比较适合组织总部制、IT 双寡头制治理模式，高层领导能掌握好投资的决策方向，同时也有一定的权力做出这样的决策，CIO(IT 主管)可以给出具体的决策参考意见。

12.2.2 信息化风险管理控制流程

1. 信息化风险管理控制流程的必然性

信息化风险管理控制过程的建立，是信息化建设过程发展到一定阶段的必然产物。从整体角度看，信息化过程出现诸多问题，如各自为政，缺乏全局统一的规划；信息化应用方案与业务战略之间脱节；低水平重复投资，信息化绩效不明显；信息资源得不到合理应用；信息化建设的风险越来越大等。这些问题制约了组织的管理创新和业务发展。一定要对信息化建设全过程，按业务战略发展的总体要求，进行统一规划、统一管理，以满足管理创新的要求；在组织形式上，强化信息化管理部门的管控职能，实现信息化建设工作的统一管理控制；在管理方法上，需要理顺管理关系，建立管理流程，创建良好的管理环境。因此，建立信息化风险管理控制过程就成为组织当前必然的工作。

2. 信息化风险管理控制流程的作用

信息化风险管理控制流程是对 IT 全生命周期进行规范化、精细化和主动式的管理与控制过程。信息化风险管理控制流程的作用如下。

(1) 通过组织管理控制手段，保障系统、流程、数据均衡发展。

(2) 明确组织 IT 部门和业务部门之间的关系和责任。

(3) 清晰定义分工界面和管理控制流程。

(4) 正确划分信息系统的所有者、建设者和管理者。

(5) 加强对流程执行的管理，明确流程交接的边界和流程负责者。

(6) 确保 IT 战略和业务战略整合，确保组织目标的实现。

3. 信息化风险管理控制流程的种类及内容

信息化风险管理控制流程由基本过程、支持过程和控制过程三部分组成。

基本过程的定义是按照信息化生命周期而制定的，体现了管理学家戴明的 PDCA 思想；支持过程是对基本过程各个阶段的全面支持，在基本过程的各个阶段都需要利用；控制过程是对基本过程和支持过程的成本控制、过程控制和对信息化有效性的监督和控制，确保基本过程和支持过程按照正确的流程运行。具体内容分述如下。

1) 基本过程

基本过程可以分为规划、实施、运行和后评估四个阶段。

(1) 规划阶段可以分为信息化战略规划、信息化规范管理、需求管理、项目立项与可行性分析。

"信息化战略规划"是在诊断和评估组织信息化现状的基础上，制定和调整组织信息化的指导纲领，争取组织以最适合的规模、成本去做最适合的信息化工作，其目的在于研究组织的信息化战略如何与组织的业务发展战略进行匹配。

"信息化规范管理"主要从技术、业务、管理等层面对信息化建设进行具体的实施指导，规范建设行为。

"需求管理"是对组织各个层次的管理者、业务部门和最终用户的业务需求进行整理汇总，实现组织业务战略向信息化流程的转变，形成的信息化流程及相应的软件准确实现对组织发展的支撑。

"项目立项与可行性分析"是从技术、经济、管理和开发环境等四个方面着手，研究项目的可能性和必要性。

(2) 实施阶段分为 IT 投资预算管理、设计方案管理、设备采购管理、工程实施管理、验收管理。

"IT 投资预算管理"与"设计方案管理"一起，共同对可行的信息系统建设的需求进行资金和各类信息资源的设计和管理。

"设计方案管理"不但设计好信息系统实施的各类软、硬件系统，还要设计对应的各个岗位的人力资源角色，为"培训管理"奠定需求的基础，同时它还要设计出对应用系统生产过程控制的测试用例和时间资源进度表。

"设备采购管理"是在"设计方案管理"和"IT 投资预算管理"完成之后，与"工程实施管理"共同完成信息系统的建设，但它侧重的是现成设备、软件和服务的采购。"供应商合作伙伴关系管理"为它提供评价和选择。

"工程实施管理"分为两个部分：首先是试验公司的工程实施，之后是"验收管理"的试验公司测试、上线、试运行和终验。在工程实施过程中，"需求分析管理"的维护阶段要对需求变更进行版本控制和风险评估，与业务需求提供部门进行协商，保证信息系统实施按期、保质地顺利进行。在工程实施的过程中需要根据"信息化规范管理"保证工程质量，并要依据"供应商/合作伙伴关系管理"对厂商进行信用度评估。

"验收管理"与"工程实施管理"进行交互，要依据设计方案管理提供的文档，按"信息化规范管理"进行验收控制，为"服务支持"提供完整的信息系统。在验收工作过程中，要依据"需求分析管理"的需求维护，对信息系统进行需求变更，但一定要与组织各个层面进行有效沟通和风险评估，以取得各方面的利益平衡。

(3) 运行阶段包括服务台管理、服务支持管理和服务交付管理。

"服务台管理"建立服务台，统一服务标准，统一服务入口，对服务的工单进行监控、考核，并建立服务支撑系统，对服务请求进行电子化管理。

"服务支持管理"在配置管理的基础上，确定问题管理、故障处理等流程，同时建立各项维护制度。

"服务交付管理"采用服务等级管理 SLA 的管理理念，实现可用性、能力、持续性等管理，建立和维护知识共享数据库，从而保证组织发展的顺利进行。

(4) 后评估阶段包括后评估管理。

"后评估管理"是在总结信息系统运行情况下，为下一轮的"信息化战略规划管理"提供数据，依据是"服务支撑"和"服务提供"提供的各类资料，并在运行阶段，依据"需求分析管理"中的需求维护，提出下一版本信息系统建设的改进意见。

2) 支持过程

支持过程主要指配置管理、文档管理、资产管理、培训管理、信息安全管理和供应商/合作伙伴关系管理。

"配置管理"和"文档管理"相互配合，对信息化管理控制体系的各个阶段提供配置基线建立、变更和发布的统一规范管理，使信息化组织逐渐趋于成熟。

"文档管理"结合信息化文档工作，研究 IT 管控体系各阶段应出现的文档模板，并与"配置管理"有机结合起来。

"资产管理"是对信息系统在规划、实施、运行等各个阶段的 IT 资源进行统一的调配，使 IT 资源的配置不断趋于合理。

"培训管理"是根据"设计方案管理"的岗位设计，对信息化管理控制各个阶段的信息化工作所需的人力资源进行培训管理。

"信息安全管理"涉及信息系统各个阶段、各个层次的安全管理，是信息系统运行管理的基础。

"供应商/合作伙伴关系管理"对供应商/合作伙伴的合同进行统一的管理，指导信息化建设的供应商/合作伙伴的评价和选择。

3) 控制过程

控制过程包括例外管理、IT 成本管理和信息化管理控制体系审计管理。

"例外管理"是对各阶段管理控制的例外情况进行管理和归类，总结存在的问题，及时修改管理控制体系，变"例外"为例内的规范管理。

"IT 成本管理"明确信息化成本的测算，使 IT 的成本得到有效控制和降低。

"信息化管理控制体系审计"是对信息化管理控制体系的各个阶段进行符合性、有效性的审计，实现对信息化管理控制体系各个阶段的纠正控制。

4. 信息化风险管理控制流程的构成要素

每个信息化风险管理控制流程的构成要素都包括如下七项内容。

(1) 流程环节描述。流程中涉及哪些活动。

(2) 根据流程制定部门岗位的工作范围和职责。

(3) 每个阶段的分等分级成熟度指标。对流程的成熟度等级的描述。

(4) 各个阶段关键成功要素。流程实现必须抓住的控制界面中的关键控制点。

(5) 各个阶段关键目标指标。对流程最终实现结果的测量。

(6) 各个阶段关键绩效指标。对流程实施过程中各个环节的绩效度量和评价。

(7) 公司信息化文档管理工作。提出各个阶段的文档模板。

12.3　IT 治理实施

IT 治理实施分为五个阶段：识别需求、构建治理框架、实施治理框架、绩效评价和持续改进。

1. 识别需求阶段

识别需求阶段包括分析 IT 治理的必要性，并确定 IT 治理实施计划。

(1) 分析 IT 治理的必要性。要结合企业的政策、商业计划、行业环境和未来的愿景来理解 IT 治理的背景和目标，并获得高层管理者的支持。

(2) 确定 IT 治理实施计划。专业化的 IT 治理团队及业务人员的参与是影响治理的关键要素，要创建一个包括多个知识领域、多个层次的团队。团队人员应具备商业洞察力和专业知识、IT 背景知识、IT 治理知识。

2. 构建治理框架

(1) 构建合适的 IT 治理框架。国内外有一些现存的 IT 模型、标准及最佳实务，为实施 IT 治理，必须在充分理解这些模型、标准及最佳实务的基础上，对它们进行整合，构建一个合适的 IT 治理框架。

(2) 沟通目的和目标。与所有受影响的个体或单位沟通 IT 治理目标和治理框架，保证他们熟悉 IT 治理并承担责任。同时应建立反馈机制来获得良好的建议。

3. 实施治理框架

(1) 找准 IT 治理实施的切入点。IT 治理的实施是项目组成员按照规定的时间、成本，以一定的质量完成组织的 IT 治理目标。IT 治理实施属于投资大、人员多、开发周期长的系统工程，很难一步到位，IT 治理框架实施的全程应贯彻"整体规划、分步实施"的原则，结合企业的环境、存在的问题和资源约束等状况，找准 IT 治理实施的切入点。

(2) 定义当前位置。找准 IT 治理实施的切入点后，就需要对要实施的具体内容进行评估。例如，如果选择以信息化风险管理控制流程中某项流程进行 IT 治理，就要在流程描述、方针、标准、程序和技术说明书的基础上，对现在流程管理的具体内容、流程、存在的问题进行分析，决定此流程是不是可以支持组织业务需求。

(3) 定义目标位置。确定 IT 治理的具体目标位置。以服务台管理流程为例，如何符合组织的业务需求、服务台管理流程的具体发展方向是什么、发展过程中的关键成功要素是什么、有哪些可以衡量过程和结果的关键指标都是定义目标位置要明确的问题。目标位置的定义，可以考虑可用的内外基准点，为每个 IT 治理对象确定一个适当的目标位置。

(4) 实施计划。确定了治理对象的目标位置后，接下来就要确定如何实现这个目标，即实施计划的确定。如果说 IT 治理的前期工作为组织描绘了一幅发展的蓝图，那么实施计划的制订犹如赋予了这幅蓝图以"生机"，使得许多 IT 治理的内容"动"起来。

实施计划包括资源计划和时间计划。IT 治理实施分阶段进行，每个阶段要根据实施的任务轻重、实施的时间等基本情况进行综合考虑，从而制订相应的人、财、物、时间计划。

在实施过程中，IT 治理可能涉及多个项目组，项目组内部的人员积极性的调动、项目组人员之间的协作、项目组之间的信息沟通机制都要进行合理安排，保证整个项目的顺利推进。

4. 绩效评价

从管理控制关键点来看，为了使工作落在实处，应该建立关键成功要素；为了对工作进行过程控制，应该建立绩效考核指标；为了对工作结果进行考核，应该建立关键目标指标。好的或不好的绩效评估结果都要通过绩效评估报告交给股东，这样可以建立自信并可以及时改正。

5. 持续改进

作为一个好的项目管理，实施后应该进行检查以决定这个治理项目是否符合原来的期望值，从 IT 治理活动中获得经验，记录并吸取教训。这可以通过比较原来的成功标准，利用股东的满意度调查表和检查项目文档来完成，从中所获得的经验以备后来使用或供其他项目借鉴。

12.4　IT 治理标准

12.4.1　COBIT 标准

1. COBIT 概述

COBIT 的全名是 control objectives for information and related technology，即信息及相关技术控制目标，是目前国际上公认的最先进、最权威的安全与信息技术管理和控制的标准。该标准由信息系统审计与控制协会(Information Systems Audit and Control Association，ISACA)在 1996 年公布。这是一个在国际上公认的、权威的安全与信息技术管理和控制的标准，已经更新至 COBIT 2019 版。COBIT 已在全世界一百多个国家的重要组织与企业中运用，指导这些组织有效利用信息资源，有效管理与信息相关的风险。同时 COBIT 也被认为是可应用于审计背景的 IT 内部控制框架。

2. COBIT 的内容

COBIT 由六部分组成，即执行概要、框架、管理指南、控制目标、审计指南和应用工具集。

(1) 执行概要(executive summary)。定义了 COBIT 的概念和原理，以及其他各部分的大纲，专门为资深管理层设计的。

(2) 框架(framework)。将 IT 过程、IT 资源与信息准则联系起来，形成一个三维的体系结构，如图 12-1 所示。

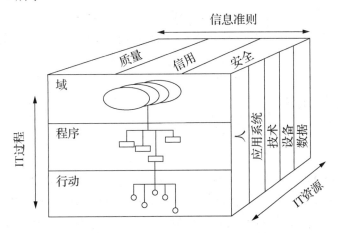

图 12-1　COBIT 的整体框架

其中，信息准则(或称 IT 标准)集中反映了企业使用 IT 的战略目标。信息准则包括有效性、效率性、机密性、完整性、可用性、一致性、可靠性七方面。IT 资源描述了 IT 治理过程的主要对象，有人员、应用系统、技术、设备和数据五类。IT 过程是对信息及相关资源进行规划与处理的过程，从信息系统生命周期的四大域确定了 34 个信息技术处理过程。每个处理过程包括详细的控制目标和与控制目标相联系的审计指南。

(3) 管理指南(management guidelines)。管理指南为 IT 过程提供了有效的管理工具，不但为业务活动提供了有效信息，而且可对 IT 业务活动进行有效控制，以使 IT 与业务活动保持一致。管理指南还为信息系统生命周期的各个过程定义了安全、可靠与有效的指标体系，并为管理者提供了度量模型。其中，成熟度模型用来帮助判断每一个控制阶段是否符合行业和国际标准；关键成功因素用来确定 IT 过程中最需要进行控制的活动；关键目标指标用来定义绩效的目标水准；关键绩效指标用来测量 IT 控制的程序能否达到目标。

(4) 控制目标(control objectives)。根据域、过程、任务活动三层体系对总体目标进行分解，通过对特定的活动实施控制，以达到预定的系统目标。控制目标按照系统生命周期划分为四个域，即规划与组织、获取与实施、交付与支持、监控。每个域按 IT 过程进行细分，根据每个过程所涉及的系统资源，确定出高层次的控制目标。针对每个 IT 过程，进一步划分成若干任务，确定具体的控制目标。针对这些具体控制目标给出了详细的系统管理策略，包括应采取何种措施及要注意的事项等。这种三层架构的控制目标体系使系统管理目标更加明确、可操作性更强。

(5) 审计指南(audit guidelines)。为中介评估机构或信息系统审计师对信息系统的控制进行了解、评估和实施审计提供建议与指导。这一部分不仅给出了 IT 审计的一般方法和要求，而且根据 COBIT 的框架，针对信息系统高层次控制目标提出了相应的审计步骤，为信息系统审计师检验和评价各 IT 过程是否符合具体控制目标给出了详细的审计指南,并指出了各控制目标未达到时会带来的风险及改进控制的建议。它为信息系统审计师进行信息系统控制审计及提出改进系统控制建议提供了有用且方便的工具。

(6) 应用工具集(implementation tool set)。应用工具集包括管理意识、IT 控制诊断、应用指导、常见问题集、个案研究以及介绍 COBIT 的相关课件。这些工具集的设计主要是让 COBIT 的应用更加便利,使组织可以快速且成功地掌握如何在不同的工作环境中应用 COBIT。

12.4.2　ITIL 标准

1. ITIL 概述

ITIL(information technology infrastructure library,IT 基础设施库) 是英国中央计算机与电信总局(Central Computer and Telecommunications Agency,CCTA)于 1980 年为了解决 "IT 服务质量不佳" 的问题而开发的一套 IT 业界的服务管理标准库,为企业的 IT 服务管理实践提供了一个客观、严谨、可量化的标准和规范。现在由英国商务部 OGC(office of government commerce)负责管理。ITIL 提出后,其内容得到多次扩展并重新组织,是一个业界广泛认可的基于流程的最佳实践文件集,是当前全球 IT 服务领域最受认可的系统和实用的结构化方法。截至目前,ITIL 已经更新到 ITIL4.0 版本。企业的 IT 部门和最终用户可以根据自己的能力、需求以及所要求的不同服务水平,参考 ITIL 来规划和制定其 IT 基础架构及服务管理,从而确保 IT 服务管理能为企业的业务运作提供更好的支持。

2. ITIL 的内容

1)　ITIL2.0

早期的 ITIL 共包含 40 个流程,主要是基于职能型的实践。后来,OGC 为了消除各流程之间的重复或某些不一致处,将这些流程合并为服务支持和服务提供两大部分,形成了 ITIL 1.0 版本。2001 年,OGC 对 ITIL 1.0 版本进行了较大的扩充和完善,最终形成了由六个模块组成的 ITIL 2.0 版本。这六个模块分别是 IT 服务管理实施规划、业务视角、基础设施(架构)、服务管理(服务支持与服务提供)、IT 应用管理、安全管理。这六个模块基本涵盖了企业 IT 服务管理的各个方面。

(1) IT 服务管理实施规划,用以建立 IT 服务管理流程,讨论规划和实施 IT 服务管理的关键性问题,并为实施和提升 IT 服务提供了全面的指导。

(2) 业务视角,帮助业务管理者深入了解基础架构支持业务流程的能力,以及 IT 服务管理在提供端到端 IT 服务过程中的作用。

(3) 基础设施(架构),覆盖了网络服务管理、运营管理、本地服务器的管理、计算机系统安装与验收以及系统管理等方面,目标是确保提供一个稳定可靠的 IT 基础架构,以支撑业务运营。

(4) 服务管理(服务支持与服务提供)。IT 服务支持流程主要面向终端用户,负责确保 IT 服务的稳定性与灵活性,并确保终端用户得到适当的服务,以支持组织的业务功能。IT

服务提供流程主要面向付费的机构和个人客户,负责为客户提供高质量、低成本的 IT 服务。

(5) IT 应用管理,负责整个软件生命周期,包括业务需求分析、开发、上线运行和应用失效等阶段。

(6) 安全管理,保护 IT 基础架构,对其采取合适的保护措施,使其免受未经授权的使用,从而为 IT 服务经理就如何组织和维持适当的安全水平提供指导。

2) ITIL 3.0

2001 年后,行业的发展和技术的改变对 IT 服务管理提出了更高的要求,同时,ISO 20000 标准的发布,进一步促使 ITIL 2.0 必须不断完善和发展,2007 年 5 月 30 日,ITIL 3.0 版本发布,这标志着 ITIL 进入了一个全新的阶段。ITIL 3.0 涵盖了 IT 服务的五个生命周期,即服务战略、服务设计、服务转移、服务运营和持续改进。ITIL 3.0 的特征主有以下三个方面。

(1) 引入了服务生命周期的概念。彻底改变以往各模块之间相互割裂、独立实施的状况,通过 PDCA 模型,可以不断循环改进,从而保持 ITIL 的生命活力。

(2) 提供了丰富的新资源。ITIL 3.0 中引入了很多行业案例,还给出了一些具体实施方案,以及专门针对中小型企业的实施方法。用户借助这些丰富的资源,可以很方便地在企业中实施 IT 服务管理。

(3) 增加了和业界其他标准的接口,如软件开发标准 CMMI、COBIT、六西格玛和 PMP 项目管理方法等。ITIL 3.0 版本和业界标准进行了兼容和整合,如哪些条目需要保留,哪些可以整合,以及这些接口该怎样整合等。

总体上看,ITIL 3.0 从服务的角度提出 IT 服务管理,帮助用户从业务角度上完成整体设计、实施以及持续优化自己的 IT 服务管理;在实践操作上,让 IT 从功能操作向服务转换,提供各种实践的案例和主题,帮助用户通过 IT 服务管理将企业的业务需求与 IT 管理实现量化对接,真正实现企业业务的 IT 量化考核,体现 IT 管理的价值。

3) ITIL 4.0

2019 年,在"数字化转型"和"工业 4.0"的背景下,引入了精益、敏捷、DevOps 等新的管理思想或工作方式的 ITIL 4.0 发布。ITIL 4.0 主要特征有以下几个方面。

(1) ITIL 4.0 将重点放在服务管理,但又不仅仅局限在 IT 服务管理。其中,服务价值链将作为核心,进一步细化 IT 服务交付的各过程。

(2) 建立服务四维模型(组织与人员,信息与技术,合作伙伴与供应商,价值流与流程),更全面地解析与阐述 IT 服务对于组织的重要性,确保服务价值体系的持续平衡。

(3) 数字服务管理转型作为更新的重点。更多的最佳实践框架被融合入 ITIL 4.0,更强调各流程之间的接口,将 IT 服务进行更有效的整合。

(4) ITIL 4.0 通过客户体验、价值流、数字化转型等新理念应对需求的变化。

12.4.3 CMMI 标准

CMMI(capability maturity model integration for software,软件能力成熟度模型集成)是在

CMM(capability maturity model for software，软件能力成熟度模型)的基础上发展而来的。CMMI 是由美国卡耐基梅隆大学软件工程研究所(Software Engineering Institute，SEI)组织全世界的软件过程改进和开发管理方面的专家历时四年开发出来的，并于 2006 年向全世界推广实施的一种软件能力成熟度评估标准，主要用于指导软件开发过程的改进和进行软件开发能力的评估。

CMMI 共有五个级别，代表软件团队开发能力成熟度的五个等级，数字越大，成熟度越高。高成熟度等级表示有比较强的软件综合开发能力。

CMMI 一级，执行级。软件团队对项目的目标与要做的努力很清晰，项目的目标可以实现。但软件团队无法保证在实施同类项目时仍然能够完成任务。项目实施能否成功主要取决于实施人员。

CMMI 二级，管理级。所有第一级的要求都已经达到，另外，软件团队在项目实施上能够遵守既定的计划与流程，有资源准备，权责到人，对项目相关的实施人员进行了相应的培训，对整个流程进行监测与控制，并联合上级单位对项目与流程进行审查。二级水平的软件团队对项目有一系列管理程序，避免了软件团队完成任务的随机性，保证了软件团队实施项目的成功率。

CMMI 三级，明确级。在明确级水平上，所有第二级的要求都已经达到，另外，软件团队能够根据自身的特殊情况及自己的标准流程，将这套管理体系与流程予以制度化。这样，软件团队不仅能够在同类项目上成功，也可以在其他项目上成功。

CMMI 四级，量化级。在量化级水平上，所有第三级的要求都已经达到，另外，软件团队的项目管理实现了数字化。通过数字化技术来实现流程的稳定性，实现管理的精度，降低项目实施在质量上的波动。

CMMI 五级，优化级。在优化级水平上，所有第四级的要求都已经达到，另外，软件团队能够充分利用信息资料，对可能出现的问题予以预防，能够主动地改善流程，运用新技术，实现流程的优化。

2018 年 7 月 17 日，CMMI 研究院正式发布了 CMMI 2.0 中文版。CMMI2.0 版本产品套件包括成熟度模型、使用指南、系统与支持工具、培训、认证和评估方法。与前期版本一样，CMMI2.0 版本使用五个级别代表软件开发能力成熟度，用以指导开发能力的改进方向和改进实践。除此以外，CMMI2.0 还具有改善业务绩效、利用当前的优良实践、构建敏捷弹性和规模化、对能力和性能进行对标、精简易用等优势，确保决策者能更好地应对新挑战，极大限度提高业绩，是一个全球公认的软件、产品和系统开发过程的改进模型。

本 章 小 结

ISACA 认为 IT 治理是一个由关系和过程所构成的体制，用于指导和控制企业，通过平衡信息技术与过程的风险、增加价值来确保实现企业的目标。彼得·维尔和珍妮·罗斯认为 IT 治理是指为鼓励期望行为而明确的决策权归属和责任担当的框架。IT 与业务一致性是 IT 治理的基本目标,控制 IT 风险是 IT 治理的基本任务。IT 治理的目的是通过组织结构、制度、战略、流程等体制,保证 IT 和业务的有效融合,促进组织收益最大化与风险的最有效控制。IT 管理是通过组织、计划、领导、监督来保证 IT 部门"做正确的事情",如提高服务质量、提高系统的可用性、保证信息安全等。信息化风险管理控制过程的建立,是信息化建设过程发展到当前阶段的必然产物,由基本过程、支持过程和控制过程三部分组成。IT 治理实施分为五个阶段:识别需求、构建治理框架、实施治理框架、绩效评价和持续改进。COBIT、ITIL 和 CMMI 是 IT 治理的重要标准。

思 考 题

1. IT 治理的目标是什么?
2. 试对比 IT 治理和 IT 管理。
3. COBIT 标准中,信息准则包括哪些方面?
4. IT 治理的实施流程是什么?

微课资源

扫一扫:请扫描书后防盗码,获取权限。

COBIT 标准

自测题自由练习

参 考 文 献

[1] 薛华成. 管理信息系统[M]. 北京：清华大学出版社，2007.

[2] 黄梯云，李一军. 管理信息系统[M]. 5 版. 北京：高等教育出版社，2014.

[3] 李敏，周明红. 管理信息系统[M]. 2 版. 北京：人民邮电出版社，2017.

[4] 王恒山，等. 管理信息系统[M]. 2 版. 北京：机械工业出版社，2015.

[5] 庄玉良，贺超. 管理信息系统[M]. 2 版. 北京：机械工业出版社，2019.

[6] 黄超，等. 管理信息系统[M]. 北京：清华大学出版社，2012.

[7] 肯尼斯·C. 劳顿，简·P. 劳顿. 管理信息系统[M]. 黄丽华，等译. 北京：机械工业出版社，2018.

[8] 刘仲英. 管理信息系统[M]. 3 版. 北京：高等教育出版社，2017.

[9] 芮廷先. 管理信息系统[M]. 北京：清华大学出版社，2017.

[10] 高洪深. 决策支持系统(DSS)理论与方法[M]. 北京：清华大学出版社，2014.

[11] 迈克尔·波特. 竞争优势[M]. 陈丽芳，译. 北京：中信出版社，2014.

[12] 高红岩. 战略管理学[M]. 2 版. 北京：清华大学出版社，2018.

[13] 马璐. 企业能力提升及其影响绩效研究[M]. 北京：经济管理出版社，2020.

[14] 尼克·米尔顿，帕特里克·拉姆. 知识管理为业务绩效赋能[M]. 北京：人民邮电出版社，2018.

[15] 王仰富，刘继承. 中国企业的 IT 治理[M]. 北京：清华大学出版社，2011.

[16] 孟秀转，等. IT 治理标准、框架与案例分析[M]. 北京：清华大学出版社，2011.

[17] 于秀艳. 企业核心信息化能力评价[M]. 长春：吉林人民出版社，2019.

[18] 郝晓玲，孙强. 信息化绩效评价：框架、实施与案例分析[M]. 北京：清华大学出版社，2005.